KB210649

카이로스 1 : 하나님의 시공간

보이지 않는 영적 세계의 원리

카이로스

1 :: 하나님의 시공간

고성준

규장

호기심 많은 막내아들과의 대화를 위해 오랜만에 물리학 책을 펼쳐 읽었다. 상대성이론과 양자역학에 대한 흥미로운 이론들을 읽으며 '와, 인류가 이런 것까지 발견했구나' 감탄했다. 그러다가 문득 이런 생각이 들었다. '자연 세계에 원리들이 있다면, 영적 세계에도 원리들이 있지 않을까? 보이는 세계의 원리와 질서들이 창조주 하나님의 속성을 드러내고 있다면, 동일한 하나님께서 창조하신 보이지 않는 세계 역시 창조주의 속성을 드러내고 있지 않을까?'

영적 세계의 원리와 질서

카이로스(καιρός)는 "하나님의 때", 또는 "하나님의 시간"을 의미하는 단어다. 카이로스의 시간이 흐르는 '카이로스 시공간'은 보이지 않는 영적 세계다. 보이는 세계만큼이나 실재하며, 보이는 세계만큼이나 원리에 따라 움직이는 '하나님의 시공간'이다. 이 카이로스의 시공간은 우리가 살아가는 물리적인 시공간만큼이나 '원리와 질서'에 따라 움직이는 곳이다.

　그렇다. 영적인 세계에도 당연히 원리가 있고 질서가 있다! 이것이 이 책을 쓰게 된 시발점이다. 보이는 세계, 자연 세계의 원리를 이해해가며, 인간이 하늘을 날고 우주를 여행할 수 있게 되었다면, 과연 보이지 않는 영적 세계, 카이로스 시공간의 원리를 이해한다면 무슨 일이 일어날까? 예수께서 말씀하셨다.

[마 17:20] 이르시되 너희 믿음이 작은 까닭이니라 진실로 너희에게 이르노니 만일 너희에게 믿음이 겨자씨 한 알 만큼만 있어도 이 산을 명하여 여기서 저기로 옮겨지라 하면 옮겨질 것이요 또 너희가 못할 것이 없으리라

영적 세계의 원리를 이해한다면 무슨 일이 일어나느냐고? 산을 옮길 수 있다! 또 못할 것이 없다! 예수님의 대답이다. 영적 세계의 원리를 이해하고 살게 된다면, 당신의 삶 속에 어떤 변화가 일어날지 생각해보라. 어쩌면 이 책이 그 변화의 시작이 될 수 있다.

사람들이 자주 속는 것이 있다. 산을 옮기는 믿음이나 불가능을 가능케 하는 영적 능력은 특별한 사람들에게, 어느 날 갑자기 하늘에서 뚝 떨어지는 불가사의한 현상이라고 생각하는 것이다. 정말 그럴까? 마태복음 17장 20절은 특정인을 지칭하지 않았다. 이것이 하늘로부터 뚝 떨어지는 초자연적인 현상이라고 하지도 않았다. 예수님은 그저 "너희에게 믿음이 있으면", 그러면 산을 옮길 것이고 또 못할 것이 없으리라 하셨다. "A면 B이다"는 수학이나 물리학 같은 자연과학의 원리들을 기술하는 가장 단순한 조건명제 형식이다. 그리고 마태복음 17장 20절 역시 바로 이러한 형식을 취하고 있다.

A : 너희에게 믿음이 있으면   B : 산을 옮기고 또 못할 것이 없다.

그렇다. 영적 세계의 원리들도 자연 세계의 원리들처럼 조건명제로 기술된다.

산을 옮기고 불가능을 넘어서게 하는 영적인 결과들은 하늘을 날고 우주를 여행하는 것만큼이나 '원리적'인 결과다. 영적 세계의 원리! 인간은 어려서부터 자연 세계의 원리들을 하나씩 배워가며 세상에 적응한다. 그런데 이 영적 세계의 원리에 대해서는 배우려 하지 않는다. 영적 세계의 원리는 배울 수 있는 것이 아니라, 특별한 체험이나 인카운터(encounter)를 통해 우연히 얻어지는 기연(機緣)이라 생각한다. 그렇지 않다. 자연 세계를 만드신 분이 영적 세계도 만드셨다. 그리고 그 창조주는 혼돈이 아닌 질서를 지으시고, 비논리적 우연이 아닌 논리적 우주를 창조한 분이시다. 수학의 정석처럼 영적인 세계에도 정석이 있다!

배워야 안다

우리가 살고 있는 자연 세계(또는 물질 세계)에는 만유인력의 법칙이 있어 사과가 아래로 떨어지고, 베르누이의 원리가 있어 무거운 비행기가 떠오르며, 눈에 보이지 않지만 미생물이 존재하기에 상온에 오래 둔 음식은 썩는다. 또 경제에도 원리들이 있어서 수요와 공급에 의해 가격이 결정되며 보이지 않는 손이 시장을 다스린다. 그렇지만 태어날 때부터 이런 원리들을 알고 태어나는 것은 아니다. 어린아이들은 이런 원리들에 무지하기에, 썩은 음식을 주워먹어 탈이 나기도 하고, 높은 곳에서 떨어져 팔이 부러지기도 한다. 원리를 모르기 때문이다. 바울은 영적 세계의 원리를 몰랐던 고린도 교인들을 '어린아이'처럼 대한다.

[고전 3:1] 형제들아 내가 신령한 자들을 대함과 같이 너희에게 말할 수 없어서 육신에 속한 자 곧 그리스도 안에서 어린 아이들을 대함과 같이 하노라

육적인 어린아이가 자연 세계의 원리를 모르듯 영적인 어린아이는 영적 세계의 원리를 모른다. 영적 세계를 모르니 그저 육신에 속한 자요, 영적 세계에서는 어린아이다. 먹지 말아야 할 썩은 음식을 먹어서 영에 탈이 나고, 높은 곳에서 떨어져 깊은 영적 상처를 입기도 한다. 그러므로 배워야 한다. 육적으로든 영적으로든 태어날 때부터 모든 원리를 알고 태어나는 사람은 없다. 자라가며 배우는 것이다. 영적 원리들을 배워 그 원리대로 살아간다면, 당신도 하늘을 날고 우주를 여행할 수 있다! 산을 옮기고 불가능을 넘어설 수 있다! 그것이 이 책의 목적이다. 당신의 몸을 하늘로 떠오르게 하는 것이 베르누이의 원리라면, 당신의 영을 하늘로 날아오르게 하는 원리는 무엇일까? 궁금하지 않은가? 그 원리가 성경속에 있다. 함께 찾아가보자.

경험해야 안다

고린도전서는 '영적 세계의 원리들'에 대한 책이다. 고린도교회는 은사도 많고 재정도 넉넉한, 적어도 세상적으로 보기에 튼실한 교회였다. 그런데 그 속은 분열, 음란, 신학적 문제에서 은사 사용에 이르기까지 오만가지 '영적 문제'로 가득 차 있었다. 이들은 영적으로 어린아이들이었다. 이 산적한 문제를 해결하고자 바울이 '영적인 원리들'을 기록하여 보낸 것이 고린도전서다.

이 책은 고린도전서를 기초로 성경이 이야기하는 영적 세계의 원리들을 기술한 책이다. 아니 기술한 책이라기보다는 기술하려 노력한 책이라고 하는 것이 더 정확한 표현이겠다. 중세 수도사들 부터 현대에 이르기까지 많은 믿음의 선배들이 영적 원리에 대하여 기술하려 노력했다. 그런데 문제는 그들이 깊은 영성을 가지고 쓴 책들을 읽고 이해하는 것이 결코 녹록한 일이 아니라는 점이다. 예수 믿고 거듭났던 스무살 때 영적 원리에 대한 고전 중 한 권을 펼쳐 읽었는데, 정말 한 마디도 이해할 수 없었다. 3권으로 된 시리즈를 1권까지만 읽고 던져버렸다. 그러다 30년이 지나 몇 년 전에 우연히 책장 속에 묵혀두었던 그 오래된 책을 다시 펼쳐 이곳저곳을 뒤적였다. '어? 이런 의미였네!' 이해가 된다! 30년 전에는 전혀 이해할 수 없던 표현들이 이해가 되었다. 그동안의 영적 경험들을 통해 30년 전에는 이해할 수 없던 것들을 이해할 수 있게 된 것이다.

그렇다. 오직 글을 통해서만 영적 원리를 전달한다는 것은 결코 쉬운 일이 아니다. 거기에는 개인의 초월적 경험이 반드시 포함되기에, 이 땅의 언어로 다 표현할 수 없다는 한계가 있다. 근사한 오페라나 장엄한 자연 경관을 본 감동을 설명하려 해도 언어의 한계를 느끼는데, 영적 세계의 원리야 말해 무엇하겠는가! 분명 무모한 도전이다. 그럼에도 불구하고 이 책을 시도하게 된 것은 "너희에게 믿음이 있으면 산을 옮길 수 있다", "A면 B이다"라는 예수님이 사용하신 명제 구조에 용기를 얻었기 때문이다. 내 전공이 수학 아니던가! 수학자의 눈으로 영적인 원리들을 파악해 보면, 얻어지는 것이 있지 않을까? 감사하게도 고린도전서는 많은 영적 조건명제들을 포함하고 있었다!

자, 이제 시작해보자. 아! 시작하기 전에 한 가지 기억할 것이 있다! 영적인 원리들은 '경험하기 전'까지는 이해하기 쉽지 않을 수 있다. 혹시라도 이해가 안 되는 것이 있다면 괜찮다. 서두르지 말고 그냥 넘어가라. 나처럼 30년 후에 이해할 수 있게 될지 어찌 알겠는가? 경험한 후에 다시 읽는다면 그 때는 '아! 이런 말이었구나' 하고 알게 될 수도 있으니까!

용어의 구속 – 새 술은 새 부대에

조금 생소한 용어나 표현들이 등장할 수도 있다. 의문이 들더라도 인내하며 읽어주면 좋겠다. 때로는 의도적으로 생소한 표현을 사용하기도 했다. 익숙한 용어나 익숙한 표현 속에 담긴 익숙해진 의미들이 때로 새로운 것을 받아들이기 어렵게 만들기 때문이다. 예를 들어 성령 충만이라는 용어를 생각해보자. 성령 충만이라는 말을 처음 대하는 사람은 성령 충만에 대한 아무런 선(先) 지식이 없기에, 호기심으로 이것저것을 찾아보고 그 용어를 통해 새로운 정보를 습득하게 된다. 하지만 교회를 10년쯤 다녀서 성령 충만이라는 단어를 입버릇처럼 사용하는 사람에게는 성령 충만이라는 표현에 담긴 뜻이 이미 정해져 있다. 그는 굳이 이것을 다시 찾아보고 그 의미를 깊게 새기려 하지 않는다. 이 용어가 사용되는 순간, 저자가 이야기하려는 의미보다 독자가 가지고 있는 성령 충만에 대한 선 지식이 먼저 작용해서, 저자가 이야기하려는 내용을 덮어버린다.

이런 익숙한 용어의 함정을 피하기 위해 때로는 의도적으로 익숙하지 않은 표현들을 사용했다. 과학(물리학)의 표현들을 빌어 영적 원리를 서술한 것도 이런 의도에서다. 예를 들어 본문에 "영이 강해져야 한다"는 표현이 나오는데, 이는 우리가 익숙하게 알고 있는 '성령 충만'을 돌려 이야기한 것에 다름없다. "어떻게 영이 강해질 수가 있어? 이단 아니야?" 이런 오해는 없기 바란다. 성령 충만이라는 익숙한 용어 속에 담긴 선 지식 대신 "영이 강해진다"라는 낯선 표현을 통해 "영이 강해져? 그게 뭐지?"라는 호기심을 발동시키기 위한 것이다. 이 호기심이 '성령 충만'에 대한 새로운 인식과 경험으로 우리를 인도할 수 있기 때문이다. 새 술은 새 부대에!

현대 기독교가 처한 싸움은 어떤 의미에서 '언어의 싸움'이라고 할 수 있다. 익숙해진 종교 용어들은 익숙함 속에서 진부해지고, 그 진부함은 영적 능력을 앗아간다. 언어란 한 개인 또는 사회의 경험을 축적한다. 앞서 이야기한 성령 충만의 경우, 한 개인 또는 공동체가 갖는 성령 충만이라는 용어의 의미는, 그 사람(또는 공동체)이 성령 충만이라는 용어 아래서 경험한 '역사들'을 담고 있다. 시간이 흘러 용어가 익숙해지고 고착화되기 시작하면, 그 용어에 담긴 '경험의 역사들'이 용어 자체의 능력을 제한한다. 성령 충만이란 이러저러한 것이야. 끝! 이렇게 되면 적어도 '성령 충만'이라는 이름으로는 더 이상 새로운 역사가 일어나지 않는다. 당신은 '성령 충만'에 대해 무엇이라 생각하는가? 아마 그 속에는 당신이 '성령 충만'이라 불렀던 경험들이 녹아 있을 것이다. 그리고 만약 당신에게 '성령 충만'이라는 용어가 익숙하고 진부하게 느껴진다면, 그것은 이 용어가 더 이상 새로운 경험을 담아낼 수 없게 되었다는 뜻이다. 적어도 당신에게 '성령 충만'이라는 용어는 영적 수명을 다한 것일 수 있다.

　슬프게도 현대 사회에서 용어의 수명은 매우 빠르게 소진된다. 수명을 다한 영적 용어는 새로운 경험을 담아내지 못하게 되고, 그 결과 새로운 영적 경험도 사라진다. 현대 기독교에는 영적인 용어들의 '구속'(救贖)이 필요하다. 그래서 예수께서 새 술은 새 부대에 담으라 하셨다. '새 술 - 새로운 역사'를 담아내려 해도, 그 용어에 담긴 '옛 의미 - 선 지식'이 계속 새 술을 옛 술로 변질시켜버린다. '새로운 용어 - 새 부대'가 필요하다.

　따라서 이 책 3부에서는 특히 물리학의 용어들을 새 부대로 사용하여, 익숙한 술을 새롭게 담아내보고자 했다. 물리학에 알레르기가 있다고 긴장할 필요는 없다. 이 책이 전하고 싶은 것은 영적 원리이지 물리학의 원리는 아니니까! 물리학에 대해 아무것도 몰라도, 이 책을 읽는 데는 아무 문제가 없다. 당신이 알고 있던 익숙한 용어들은 잠시 내려놓아라. 진부하게 느껴지는 용어라면 더욱! 그것은 이미 자기의 수명을 다했다. 그리고 새로운 부대를 준비하라. 익숙하지 않은 용어들이라고 터부시하지 말고, 그 부대 속에 새로운 성령의 역사를 담아내라.

　자, 새 술을 새 부대에 옮겨 담아보자. 책장을 넘겨라.

고성준

CONTENTS

PART 1

기초 FOUNDATION

인간은 보이는 세계와 보이지 않는 세계에 동시에 속한 존재다. 보이는 세계 속에서 살아가기 위해 보이는 세계의 원리를 이해해야 하듯이, 영적인 세계 속에서 살아가려면 영적인 세계의 원리를 이해해야 한다. 영적 원리를 알지 못하면 치명적인 실수를 범할 수 있다. 반대로 원리를 잘 이해하면 쉽고 효과적으로 일할 수 있다. 물이 낮은 곳으로 흐른다는 원리를 알면 물살의 흐름을 따라 힘들이지 않고 배를 저어갈 수 있지만, 원리를 무시한 채 물살을 거슬러 올라가려 한다면 힘은 힘대로 들고 효과도 없을 것이다. 영적으로도 그렇다. 영적 원리를 따라 살면 영이 활성화되고 쉽게 성령 충만을 누리게 되지만, 영적 원리를 거슬러 살면, 힘쓰고 노력해도 영적으로 침체되고 막힌다.

1장

실체와 그림자

1. 두 세계

기초적인 이야기부터 시작하자. 자연의 원리든 영의 원리든 기초가 중요하니까. 어쩌면 익숙한 이야기일 수 있지만, 영적 세계의 원리들을 이해하려면 꼭 필요한 기초이니, 다시 한번 꼼꼼히 읽기 바란다.

(1) 보이는 세계 vs 보이지 않는 세계

성경은 두 세계를 이야기한다. 그것은 보이는 세계와 보이지 않는 세계, 즉 물질 세계와 영적 세계다. 많은 사람들이 보이는 세계가 전부라고 생각하며 살지만, 성경은 '보이지 않는 세계'가 있다고 말한다.

> [고후 4:18] 우리가 주목하는 것은 보이는 것이 아니요 보이지 않는 것이니 보이는 것은 잠깐이요 보이지 않는 것은 영원함이라

보이는 세계는 육신이 살고 있는 자연 세계 또는 물질 세계다. 나무와 꽃들, 개와 고양이, 소와 돼지가 있는 곳. 태양과

달, 바다와 육지가 있는 곳. 보이는 세계다. 반면 보이지 않는 세계가 있다. 사람들은 '보이지 않는 세계'라 하면, 우리의 생각과 사상 속에 존재하는 추상적인 세계로 이해하려 하지만, 그렇지 않다. 보이지 않는 세계는 추상적인 사상의 세계가 아니다. 그 세계는, 비록 눈에 보이지 않지만, 보이는 세계만큼이나 '실재적인' 세계다. 그곳에는 가브리엘 천사와 미가엘 천사가 있고, 그룹들(겔 10:7)과 스랍들(사 6:2)이 있다. 뿐만 아니라 그곳에는 사탄 마귀도 있고, 무엇보다 우리 하나님과 그분의 보좌가 있다. 보이지 않는 세계는 그저 우리의 상상 속에 존재하는 추상적인 세계가 아니다. 그것은 구체적이고 실제적인 세계다. 기독교 신앙은 이 세계를 믿는 것에서 시작된다.

만약 보이는 세계가 전부라면 하나님은 어디 계신가? 하나님이 계실 곳이 없지 않은가! 하나님은 보이지 않으시니까 말이다. 성경은 하나님은 '영'이시라고 말한다. 하나님은 영적 세계에 계신다는 것이다.

[요 4:24] 하나님은 영이시니 예배하는 자가 영과 진리로 예배할지니라

불행하게도 많은 현대 크리스천들은 하나님을 믿는다고 하면서도 보이지 않는 세계, 영적 세계의 실존에 대해 무지하다.

그 결과 기독교는 영적 능력과 생명에서 멀어져 윤리와 종교 행위가 되어버렸다. 성경은 보이는 세계가 전부가 아니라고 이야기한다. 오히려 하나님의 능력과 신성은 보이지 않는 세계, 영적인 세계에 속해 있다.

> [롬 1:20] 창세로부터 그의 보이지 아니하는 것들 곧 그의 영원 하신 능력과 신성이 그가 만드신 만물에 분명히 보여 알려졌나 니 그러므로 그들이 핑계하지 못할지니라

(2) 영원한 것 vs 유한한 것

그렇다면 이 두 세계의 차별적 특징은 무엇일까? 첫째, 보이는 것은 유한하고 보이지 않는 것은 영원하다. 고린도후서 4장 18절은 보이는 것은 잠깐이요 보이지 않는 것은 영원하다고 이야기한다. 보이는 것은 잠깐 있다가 지나가는 임시적인 것이다. 유한하다. 보이는 세계의 모든 것에는 유효 기간이 있다. 우유만 유효 기간이 있는 것이 아니라 건물도, 심지어 사람도 모두 유효 기간이 있다. 시간이 지나면 썩어 없어진다. 그러나 보이지 않는 세계는 유효 기간이 없다. 썩지도 소멸하지도 않는다. 보이지 않는 세계는 영원하다! 그렇다면 어느 것이 더 본질적인 세계일까?

[딤전 1:17] 영원하신 왕 곧 썩지 아니하고 보이지 아니하고 홀로 하나이신 하나님께 존귀와 영광이 영원무궁하도록 있을지어다 아멘

보이지 않는 세계는 영원하고 썩지 않는다. 그래서 성경은 생명의 본질이 '영'에 있다고 이야기한다.

[요 6:63] 살리는 것은 영이니 육은 무익하니라 내가 너희에게 이른 말은 영이요 생명이라

이 땅에 속한 짐승들에게도 생명이 있다. 그러나 유한한 생명이다. 시간이 지나면 반드시 죽는다. 썩어서 흙으로 돌아간다. 영적인 존재가 아니기 때문이다. 그러나 영에 속한 존재들의 생명에는 유효 기간이 없다. 영원히 존재한다. 그래서 '살리는 것'은 영이며, 생명의 근원은 영이신 분 - 하나님께 있다.

(3) 본체 vs 그림자

그런데 이 두 세계는 독립적으로 따로 존재하는 것이 아니라 서로 연결되어 있다.

[히 8:5] 그들이 섬기는 것은 하늘에 있는 것의 모형과 그림자

라 모세가 장막을 지으려 할 때에 지시하심을 얻음과 같으니 이르시되 삼가 모든 것을 산에서 네게 보이던 본을 따라 지으라 하셨느니라

보이는 세계는 보이지 않는 세계의 '모형과 그림자'다. 그렇다면 내가 살아가고 있는 '보이는 세계' - 이 땅에서의 '나의 삶'은 무엇의 그림자일까? 그렇다. '보이지 않는 세계 속에 있는 나'의 그림자이다. '나'는 이 땅에만 존재하는 것이 아니라, 보이지 않는 세계 속에도 존재한다. 뒤에서 살펴보겠지만, 인간은 두 세계 모두에 속한 존재다. 오늘 내가 이 땅에서 살아가는 모든 삶, 오늘 내가 맞닥뜨리는 모든 일들은 영적인 세계에서 일어나는 일의 그림자이다. 보이는 세계의 일들은 영적 세계에서 일어나는 일에 의해서 결정된다.

그렇다면 이 '그림자'를 옮기려면 어떻게 해야 할까? 그림자를 옮기려고 시도해본 적이 있는가? 시도해보라. 불가능하다. 그림자는 아무리 애써도 옮겨지지 않는다. 어떻게 해야 그림자가 옮겨질까? 그렇다, 본체! 본체를 옮기면 된다. 그러면 그림자는 따라 움직인다. 이것이 첫 번째 영적 원리다. 두 세계에 속한 존재인 우리는, 이 땅에 보이는 그림자를 옮기려 하지 말고, 하늘에 있는 본체를 움직여야 한다. 이것이 크리스천의 정상적인 영적 삶이다. 불행하게도 많은 크리스천들이 그림자를

옮기려고 시간과 노력을 허비한다. 그런데 그것은 쓸데없는 짓이다. 그림자는 옮겨지지 않는다. 잠시 옮겨진 것 같다가도 다시 돌아온다. 본체를 옮겨야 한다. 그리고 영적인 세계에 있는 본체를 옮기는 것이 바로 기도다!

2. 산을 옮길 수 있다

영적 세계를 움직이는 것은 '기도'인데, 기도에 영적인 것을 움직일 힘을 부여하는 것은 '믿음'이다.

(1) 두 세계를 연결하는 통로

믿음이 없으면 아무것도 이루어지지 않는다. 영적 세계를 움직이는 비결이 있는데, 그것이 바로 '믿음의 기도'다. 믿음에는 우리가 생각하는 것 이상의 비밀이 있다. 다음 장에서, 아니 이 책이 끝날 때까지 반복해서 믿음에 대한 이야기를 할 것이다.

> [약 1:6,7] 오직 믿음으로 구하고 조금도 의심하지 말라 의심하는 자는 마치 바람에 밀려 요동하는 바다 물결 같으니 이런 사람은 무엇이든지 주께 얻기를 생각하지 말라

그만큼 믿음은 영직 세계를 이해하는 열쇠가 된다. 믿음에는 우리가 생각하는 것 이상의 신비가 있다. 믿음은 보이지 않

는 세계의 것이 보이는 세계에서 실체가 되게 한다. 다시 한번 이야기한다. 믿음은 보이지 않는 세계의 것을 보이는 세계의 실체로 만든다.

하나님께서는 모든 신령한 복을 하늘에 준비해두셨다.

[엡 1:3] 찬송하리로다 하나님 곧 우리 주 예수 그리스도의 아버지께서 그리스도 안에서 하늘에 속한 모든 신령한 복을 우리에게 주시되

복을 어디에 준비해두셨는가? 하늘에. 보이지 않는 세계에. 그렇다면 하늘에 있는 모든 신령한 복(spiritual blessings)을 어떻게 보이는 세계로 가지고 올 수 있을까? 그렇다, 믿음으로! 믿음으로 가져온다. 믿음은 하늘에 있는 것을 땅의 실체가 되게 한다. 믿음으로 우리는 그림자가 아니라 '본체'를 움직인다.

(2) 믿음의 본질

믿음의 본질은 하나님을 신뢰하는 것이다. "이렇게 될 거야!", "반드시 될 거야!" 이것은 믿음이라기보다는 자기 세뇌에 가깝다. 물론 결과적으로는 반드시 될 것이라는 상황에 대한 믿음도 필요하다. 그러나 '왜' 반드시 그렇게 될 것이라고 믿는가? 하나님을 신뢰하니까! 이것이 믿음의 핵심이다. 믿음은 '하나

님을 신뢰하는 것'이다. 어떤 상황 속에서도 신뢰하는 것이다.

믿음이 필요한 이유는 영적인 '시차', 'delay'가 있기 때문이다. 하늘에서 본체가 움직이면 우리의 싸움은 이미 끝난 것이다. 그러나 그것이 이 땅에서 실체로 드러나기까지는 시차가 있다. 언제 그림자가 움직이는가? 모른다. 즉시 움직일 수도 있고, 하루 있다가 움직일 수도 있고, 한 달이 걸릴 수도 있고, 십 년이 걸릴 수도 있다. 모른다. 그래서 딜레이 되는 시차 동안에 요구되는 것이 있는데, 그것이 바로 믿음이다. 어떤 믿음? 하나님에 대한 믿음! "그분이 말씀하셨으면 반드시 이루어져. 그분이 약속하셨으면 확실히 이루어져!" 이 믿음이 요구된다. 이 믿음이 없으면 "무엇이든지 주께 얻기를 생각하지 말라"고 했다. 그래서 믿음은 '인내'다. 흔들리지 않고 기다리는 것이다. 언제까지? 하나님이 행하실 때까지!

우리의 믿음은 광야에서 자라나고, 광야에서 발휘된다. 모든 것이 완벽하고, 모든 것이 완전할 때는 믿음이 설 자리가 없다. 광야에서, 이해할 수 없는 상황 속에서, 고통 속에서 - 인내하고 기다리는 것이다. 하나님은 언제나 선하신 분이심을 고백하는 것이다. 하나님의 완전하심을 예배하는 것이다. 이것을 '믿음'이라고 한다. 그리고 이 믿음을 통해 하나님은 산을 옮기신다.

(3) 산을 옮기는 믿음

[마 17:20] 이르시되 너희 믿음이 작은 까닭이니라 진실로 너희에게 이르노니 만일 너희에게 믿음이 겨자씨 한 알 만큼만 있어도 이 산을 명하여 여기서 저기로 옮겨지라 하면 옮겨질 것이요 또 너희가 못할 것이 없으리라

믿음이 있으면 산을 옮길 수 있다고 하신다. 그것도 겨자씨 한 알 만한 믿음만 있어도 말이다. 믿음은 이 땅에서 작동하는 것이 아니라 '보이지 않는 세계 속에서 작동하는 것'이기 때문이다. 거대한 산이 앞에 있다. 이 산을 옮길 수 있을까? 작은 동산쯤이야 사람을 동원하고 건설사가 움직이면 옮길 수 있을지 모른다. 하지만 그 산이 설악산이나 히말라야산이라면? 불가능하다.

인생을 살다보면 산을 만날 때가 있다. 내 앞길을 가로막고 있는 산. 예고 없이 찾아오는 불치병, 사랑하는 사람의 죽음, 감당할 수 없는 채무 등의 산이 앞을 가로막는다. 소망이 막히고 꿈이 꺾인다. 더 이상 앞으로 나아갈 수 없다. 저 너머로 가야 하는데, 산이 가로막혀 있다. 처음에는 어떻게든 산을 옮겨보려 애쓴다. 삽을 가져와서 흙을 퍼내기도 하고, 불도저를 동원하기도 한다. 그런데 어림도 없다. 결국 낙심한다. 실망하고

좌절한다. 하나님을 원망하기 시작한다. 원망까지는 몰라도 하나님께 실망한다. 산 앞에서 하나님께 등을 돌린다.

무엇이 잘못된 것일까? 그렇다. 그림자를 옮기려 한 것이다! 산? 산은 그림자일 뿐이다. 보이는 산은 실체가 아니다. 아무리 큰 산처럼 보여도, 아무리 불가능해 보여도, 그것은 모두 그림자일 뿐이다. 이것을 믿는가? 믿어야 한다. 오직 이 믿음만이 산을 옮길 수 있다. 많은 사람들이 믿지 않는다. 그들에게는 보이는 산이 실체다. 움직일 수 없는 거대한 산. 내 인생을 막고 있는 항거 불능의 산! 이것이 실체로 보인다. 아니다. 그것은 실체가 아니다. 그것은 그저 그림자일 뿐이다! 그렇다면 이 산을 옮길 수 있는가? 물론이다. 옮길 수 있다. "의사가 불가능하다고 했는데요?" 아니. 하나님은 가능하다고 하신다. "은행에서는 불가능하다고 하는데요?" 아니. 하나님은 가능하다고 하신다. 왜냐하면 그것은 그저 그림자일 뿐이니까!

당신에게 이 '믿음'이 있는가? 보이는 것이 전부가 아니라는 믿음, 보이는 것은 그저 잠깐 있으면 지나가는 그림자일 뿐이라는 믿음, 이 믿음이 있는가? 그렇다면 당신은 다른 세상을 살 수 있다. 그렇다면 당신은 이 세상 원리의 지배에서 벗어나 다른 세상의 원리 속에서 살 수 있다. 어떻게? 믿음으로! "보이는 것이 전부가 아니다! 보이지 않지만 하나님이 계신다! 그분은 완전하시며, 그분은 전능하시며, 그분은 선하시며, 그분은 나를 위해 일하신다!" 이 믿음! 이 믿음이 있을 때, 당신은 이 세상과는 다른, 전혀 다른 원리 속에서 살아갈 수 있다. '산'은 보이는 세상의 원리 속에서 살아가는 사람들에게는 거대한 장벽이지만, 영적 원리 속에 살아가는 사람들에게는 그저 그림자일 뿐이다. 아무리 거대한 산일지라도 그것은 그저 그림자이다! 믿음! 믿음! 이것이 우리를 다른 세상의 원리 속에 살아가도록 하는 열쇠다. 당신도 산을 옮길 수 있다. 겨자씨만한 믿음이 있다면. 겨자씨는 정말 작다.

downloads from heaven

지금 인생의 산을 마주하고 있습니까? 높은 산에 가로막혀 있습니까? 믿음을 가지십시오. 산을 옮길 수 있습니다. 믿음으로 구할 때, 비록 아주 작은 믿음일지라도, 그 믿음이 산을 옮길 것입니다.

2장

인간, 두 세계에 낀 존재

1. 인간은 어떤 존재인가?

(1) 두 세계에 낀 존재

인간은 '보이는 세계'와 '보이지 않는 세계', 이 두 세계에 모두 속한 존재다. 하나님을 제외하고는 두 세계에 모두 속한 '유일한 존재'가 인간이다.

> [창 2:7] 여호와 하나님이 땅의 흙으로 사람을 지으시고 생기를 그 코에 불어넣으시니 사람이 생령이 되니라

하나님께서 인간을 만드실 때, 흙으로 만드시고 그 코에 생기 - 하나님의 영을 불어넣으셨다. 인간은 흙으로 만들어졌다. 인간의 신체는 흙을 이루는 원소들로 구성되어 있다. 보이는 세상에 속했다는 뜻이다. 그러나 동시에 인간 안에는 '하나님의 호흡', 하나님의 영이 있다. 인간은 영적인 세계에 속했다. 다른 어떤 피조물도 이렇게 지음 받지 않았다. 두 세계에 동시에 속하도록 지음 받은 존재는 없다. 오직 인간뿐이다.

불멸의 인간

자, 여기서 퀴즈 하나. 인간이 흙에도 속하고 영에도 속한 존재라면 인간은 죽을까? 죽지 않을까? 애매하다. 분명 흙에 속한 존재는 유한하다. 언젠가는 죽는다. 그런데 영에 속한 존재는 영원하다. 절대로 소멸되지 않는다. 그렇다면 두 세계에 동시에 속한 인간은 어떨까? 성경의 대답은, 인간은 그 속에 하나님의 영 - 영원한 생명을 가지고 있기 때문에, 비록 몸을 가지고 있어도 절대로 소멸하지 않는다는 것이다. 흙에만 속한 다른 짐승들과 다른 점이다. 고린도전서 15장은 이것에 대해 놀라운 말씀을 기록하고 있다.

[고전 15:49-54] 우리가 흙에 속한 자의 형상을 입은 것같이 또한 하늘에 속한 이의 형상을 입으리라 형제들아 내가 이것을 말하노니 혈과 육은 하나님 나라를 이어받을 수 없고 또한 썩는 것은 썩지 아니하는 것을 유업으로 받지 못하느니라 보라 내가 너희에게 비밀을 말하노니 우리가 다 잠 잘 것이 아니요 마지막 나팔에 순식간에 홀연히 다 변화되리니 나팔 소리가 나매 죽은 자들이 썩지 아니할 것으로 다시 살아나고 우리도 변화되리라 이 썩을 것이 반드시 썩지 아니할 것을 입겠고 이 죽을 것이 죽지 아니함을 입으리로다 이 썩을 것이 썩지 아니함을 입고 이 죽을 것이 죽지 아니함을 입을 때에는 사망을 삼키

고 이기리라고 기록된 말씀이 이루어지리라

우리가 지금 입고 있는 이 몸은 인간의 타락으로 말미암아 그냥 흙덩어리가 되어버렸다. 아담의 타락으로 더 이상 영이 정상적인 활동을 할 수 없는 상태가 되어버린 것이다. 그래서 죽는다. 썩을 몸이다. 이것이 흙에 속한 자의 몸이다. 이 몸으로는 영원한 하나님의 나라를 유업으로 받을 수 없다. 그런데 언젠가, 순식간에, 홀연히 우리 몸이 변화되는 날이 오는데, 그 때는 새로운 몸을 입게 된다. 그 몸은 '썩지 아니함을 입은 몸'이며, '죽지 아니함을 입은 몸'이다. 그 몸은 '하늘에 속한 자의 몸'이다. 인간은 흙에 속했지만 동시에 영에도 속했기에 불멸의 존재다. 예수께서 부활하신 몸을 입고 영원히 존재하시는 것처럼 우리도 언젠가는 부활의 몸을 입고 그렇게 될 것이다. 인간은 소멸하지 않는다. 영에 속한 존재이기 때문이다. 이것이 우리가 믿는 부활이다.

인간이 불멸하는 것은 크리스천들에게만 해당하는 이야기가 아니다. 믿지 않는 사람도 불멸한다. 영적인 존재이기에 구원을 받았든, 받지 않았든지 소멸되지 않는다.

[요 5:28,29] 이를 놀랍게 여기지 말라 무덤 속에 있는 자가 다 그의 음성을 들을 때가 오나니 선한 일을 행한 자는 생명의 부

활로, 악한 일을 행한 자는 심판의 부활로 나오리라

구원을 받았든, 받지 않았든 부활의 몸을 입고 영원히 산다. 문제는 '어디서' 그 영원의 시간을 보낼 것인가 하는 것이다. 천국인가, 아니면 지옥인가?

영적인 소통 기관

인간은 단순한 육체가 아니다. 인간 안에는 '하나님의 영'이 거하신다. 인간에게 몸이 있어 눈에 보이는 세상과 소통할 수 있듯이, 영이 있는 인간은 영적 세계와 소통할 수 있다. 보이는 세계에 속하도록 지음 받았기에, 인간에게는 보이는 세계와 소통할 수 있는 감각 기관들이 있다. 눈이 있고 귀가 있고 코와 피부가 있다. 이것은 보이는 세계와 소통할 수 있는 '기관들'이다. 조금 더 정확하게 표현하자면, 이런 소통 기관들이 있기에 우리는 인간을 그 세계에 속한 존재라고 부를 수 있다.

이와 마찬가지로, 인간이 영적인 세계에 속했다면 당연히 영적 세계와 소통할 수 있는 '영적 기관들'이 있어야 하지 않겠는가? 불행하게도 인간의 타락으로 인해 이 기관들이 전혀 작동하지 않는 상태로 태어나고 살아왔기에, 우리는 이 영적 기관들이 어떤 것인지, 어떻게 사용하는지 모른다. 경험이 없다. 그래서 그냥 육체의 기관으로 경험되는 것들이 전부라고 믿으며 산다. 그러나 그렇지 않다. 당신에게는 육체의 기관들만큼이나 중요한, 아니 그 이상으로 중요한 영적인 감각 기관들이 있다. 영의 세계를 볼 수 있는 '영적인 눈'이 있고, 영적인 것을 들을 수 있는 '영적인 귀'가 있고, 영적인 것을 느낄 수 있는 '영적인 기관들'이 있다. 거듭난 크리스천들은 이 영적인 기관들을 어떻게 사용하는지 배우고 사용해야 한다. 끊임없이 보이지 않는 세계를 보아야 하고, 들리지 않는 것을 들어야 한다. 어떻게? 믿음으로! 핵심은 '믿음'이다. 기억하라. 당신은 두 세계에 '낀' 존재다.

(2) 영혼육을 가진 존재

성경은 인간을 영과 혼과 육을 가진 존재라고 이야기한다.

> [살전 5:23] 평강의 하나님이 친히 너희를 온전히 거룩하게 하시고 또 너희의 온 영과 혼과 몸이 우리 주 예수 그리스도께서 강림하실 때에 흠 없게 보전되기를 원하노라

육 : 흙으로 지음 받았다

첫째, 인간에게는 육체, 몸이 있다. 육체란 우리가 알고 있는 물질로 이루어진 몸이다. 흙으로 만들어진 다른 동물들처럼 인간도 몸을 가지고 있다.

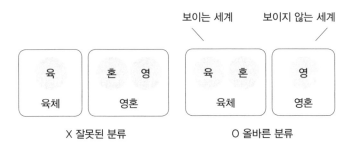

혼 : 지정의가 있다

둘째, 혼이 있다. 혼이란 우리의 마음, 내면을 말한다. 혼은 지, 정, 의를 일컫는데, 이는 지 - 이성과, 정 - 감정과, 의 - 의지로 이루어져 있다. 혼도 육과 마찬가지로 보이는 세계의 일부다. 사람뿐 아니라 원숭이나 개 같은 고등 동물도 혼, 즉 지정의를 가지고 있다. 그렇기에 '혼'은 사람만 가지고 있는 독특한 특징이 아니다. 혼과 육은 기능상 또는 편의상 우리가 나누어 부르는 것일 뿐 본질적으로는 다 흙에 속한 - 보이는 세계에 속한 기능들이다. 지정의라고 부르는 기능은 '뇌'라는 특정한 '육체' 속에서 일어나는 호르몬과 전기반응일 뿐이니까.

흔히 인간이 육체와 영혼으로 이루어졌다고 말하는데, 엄밀하게 보았을 때 이것은 틀린 말이다. '영과 혼'을 하나로 묶고 육체를 따로 분류할 것이 아니라, '육과 혼'을 하나로 묶고 영을 따로 분류해야 한다. 육과 혼은 본질상 보이는 세계에 속한 것, 그래서 원숭이나 개도 모두 가지고 있는, 물질로 이루어진 것이기 때문이다. 두 세계에 속한 인간에게 있어, 혼과 육은 두 세계 중 보이는 세계에 속한 것이다.

영 : 육체의 오감으로는 알 수 없다

인간이 다른 피조물과 구별되는 것은 '육과 혼'뿐 아니라 '영'을 가지고 있기 때문이다. 그렇다면 인간의 영은 구체적으로 어떤 기능을 할까? 사람들은 이에 관해서는 잘 모른다. 왜냐하면 영은 보이는 세계를 위한 기능이 아니라 보이지 않는 세계를 위한 기능이기 때문이다. 하나님께서는 보이는 자연 세계와의 소통을 위해 우리에게 오감을 주셨다. 눈, 코, 귀, 입 등을 만드셨다. 이것은 자연 세계를 지각하기 위한 기관들이다. 그렇다면 우리의 영은 어떤가? 우리의 영이 지각하는 소위 '영감'은 오감으로 지각되지 않는 영적 세계를 지각하고 소통하는 기능이다. 그렇기에 영감은 오감을 기초로 설명할 수 없다. 영감은 오감과는 전혀 다르게 기능한다.

[고전 2:9,10] 기록된 바 하나님이 자기를 사랑하는 자들을 위하여 예비하신 모든 것은 눈으로 보지 못하고 귀로 듣지 못하고 사람의 마음으로 생각지도 못하였다 함과 같으니라 오직

하나님이 성령으로 이것을 우리에게 보이셨으니 성령은 모든 것 곧 하나님의 깊은 것까지도 통달하시느니라

영은 오직 성령으로 - 성령께서 보여주시는 것을 통해서만 알 수 있다. 그런데 문제는 아담의 타락 이후 영의 기능들이 멈추어버렸다는 것이다. 이로 인해 우리는 인간에게 영이 있는지 없는지, 있다면 그 영이 무슨 기능을 하는지 전혀 모른다. 아니, 아예 개념 자체가 없다. 대학원 시절에 나면서부터 맹인인 학생을 만난 적이 있다. 이 친구에게 맹인이란 단순히 '보이지 않는' 사람이 아니었다. 그에게는 '본다'라는 개념 자체가 없었다. 그는 보는 것이 무엇인지 전혀 이해할 수 없었다. '본다'라는 용어가 있다는 것은 알고 있지만, 실제로 '보는 것'이 무엇을 의미하는지는 알 수 없었다. 아담의 타락으로 인해 영의 기능을 한 번도 사용해본 적이 없는 인간들도 마찬가지다. 영이 도대체 무엇인지, 그런 게 있는지 없는지조차 알 수가 없다. 그리하여 인간은 자연 세계와 영적 세계 모두와 소통할 수 있는 존재로 지음 받았음에도 그 삶과 인식의 범위가 자연 세계로 한정되어버렸다.

(3) 인간의 영의 기능

인간의 영은 도대체 무엇이며 어떤 기능을 하는 것일까? 지금

까지 이야기를 잘 따라왔다면 어렵지 않게 유추할 수 있을 것이다.

첫째, 인간의 영은 영적 세계와 소통하는 기능을 한다. 이 '영적 커뮤니케이션'의 기능으로 인해 인간의 영은 하나님은 물론 하나님 외에 다른 영적 존재와도 소통할 수 있다. 무당이 신접하는 것이 한 예이다.

둘째, 인간의 영은 단지 소통할 뿐 아니라, 마치 '그릇'과도 같아서 다른 영적인 존재를 인간의 영 안으로 받아들일 수 있다. 이것은 인간의 영만이 갖는 독특한 기능이다. 다른 어떤 존재, 천사나 사탄, 자연 세계의 그 어떤 피조물에게도 이런 기능은 없다. 생각컨대 '육체에 거하는 영'이라는 인간의 독특함이 이것을 가능하게 하는 것 같다. 그래서 인간의 영은 성령을 받아들이기도 하고, 세상의 영(악한 영)을 받아들이기도 한다.

[고전 2:12] 우리가 세상의 영을 받지 아니하고 오직 하나님으로부터 온 영을 받았으니 이는 우리로 하여금 하나님께서 우리에게 은혜로 주신 것들을 알게 하려 하심이라

성경은 하나님 외에 다른 영적인 존재를 받아들이는 것을 '간음'이라 부르며, 이를 육체적으로 남편 외의 다른 존재를 받아들이는 것으로 표현한다.

인간을 영 · 혼 · 육으로 구분하는 것을 삼분설이라 하고, 두 세계에
속한 존재 – 영과 육으로 구분하는 것을 이분설이라 하며, 인간은 그
저 인간이기에 나눌 수 없다고 하는 것을 단일설 또는 일원설이라고
한다. 이중 어느 것이 옳으냐고 묻는 사람들이 있는데, 이것은 옳고
그르고의 문제가 아니라 설명하는 방법론의 차이다.

예를 들어 인간에게 있는 영적 기능, 혼적 기능, 육적 기능 등을 비교
하여 설명하려 한다면 삼원설이 유용할 것이고, 인간을 두 세계에 긴
존재로 설명할 때는 삼원설보다는 이원설이 적절할 것이다. 한편 인
간의 구원에 대해 이해하려 한다면, 삼원설이나 이원설보다는 단일
설이 더 적절할 수 있다. 인간에게 비록 영과 혼과 육이 있다 할지라
도, 그 영 · 혼 · 육을 따로따로 떼어놓는다면, 그것은 더 이상 인간이
라 할 수 없기 때문이다. 마치 물을 이루고 있는 것은 수소 원자 두
개와 산소 원자 하나이지만, 이것을 따로따로 분리해놓으면 그것은
각각 '수소'이고 '산소'일 뿐, 더 이상 '물'이 아닌 것처럼 말이다. 인간
의 '영'만 따로 떼어서 구원받고, '육'은 폐기 처분되는 것이 아니다.
성경은 '인간 전체'의 구원을 이야기하고 있지 '인간 영'의 구원을 이
야기하고 있지 않다. 그렇기에 인간의 구원에 대해 이해할 때는 단일
설이 적절하다.

이렇듯 인간을 총체적으로 설명할 때는 단일설이, 두 세계에 속한 존
재로 대조할 때는 이원설이, 그리고 영적 기능, 혼적 기능, 육적 기능
등 기능적인 면을 설명할 때는 삼원설의 이해가 도움이 된다.

[렘 3:8,9] 내게 배역한 이스라엘이 간음을 행하였으므로 내가
그를 내쫓고 그에게 이혼서까지 주었으되 그의 반역한 자매 유

다가 두려워하지 아니하고 자기도 가서 행음함을 내가 보았노라 그가 돌과 나무와 더불어 행음함을 가볍게 여기고 행음하여 이 땅을 더럽혔거늘

다른 영을 받아들일 수 있는 인간 영의 독특함은, 그리스도의 영을 받아들여 둘이 하나가 될 수 있는, '그리스도의 신부'라는 인간의 데스티니에서 발원한다. 그렇다. 인간의 데스티니는 그리스도의 신부로 그분과 영원히 연합하는 것이다! 이런 연유로 하나님은 그리스도의 영 외에 다른 영을 받아들이는 것을 '불륜'이라 부르신다.

2. 어떻게 영적인 세계와 소통할 수 있는가?

그렇다면 어떻게 영적인 세계 - 특히 하나님과 소통할 수 있을까? 앞서 이야기했듯이, 영적인 세계는 보이지 않는 세계이기에 눈이나 귀 같은 오감을 가지고는 소통할 수 없다. 오감이 아니라면, 어떻게 하나님과 소통할 수 있을까? 중국의 위대한 크리스천이었던 워치만 니(Watchman Nee)는 영적 소통의 중요한 두 가지 수단으로 '직관'과 '양심'을 든다.[1]

---

1 워치만 니, 《영에 속한 사람》, 생명의말씀사(1972)

(1) 직관

'직관'이란 말 그대로 직관이다. 오감으로 지각해서 아는 것이 아니라 '그냥 아는 것'이다. 하나님의 영으로부터 우리 안에 직접 부어지는 계시적인 지식이다. 30년 전에 워치만 니의 책을 처음 읽었을 때는 이것이 무슨 말인지 전혀 이해할 수 없었다. '그냥 안다는 게 뭐야? 어떻게 그냥 알 수가 있다는 거지?' 도무지 이해할 수 없어 책을 던져버렸다.

그런데 30년 만에 책을 뒤적여 보니, '아! 이게 그 말이었구나!' 이해할 수 있었다. 30년 여정 속에서 직관적으로 하나님의 뜻을 아는 경험들을 한 것이다. 기도 중에 뜬금없이 주어졌던 '너는 다니엘'이라는 성령님의 음성, 더 뜬금없이 시작된 중동사역 그리고 그곳에서 경험한 수많은 기적들은, '직관'을 통해 하나님과 소통한다는 것이 무엇인지 이해할 수 있게 해주었다.

이 경험들은 모두 기도나 말씀 묵상 가운데 '그냥 주어진' 지식들이었다. 이런 경험들이 축적되면서 이제는 그냥 알게 되는 지식들이 내게도 낯설지 않다. '아, 이건 하나님이 기뻐하시는구나!' 그냥 안다. '아, 이건 하나님이 싫어하시는구나!' 그냥 안다. '이건 해야 하는구나!' 그냥 안다. '이건 하면 안 되는구나!' 그냥 안다. 어떻게 아느냐고? 설명할 수는 없는데, 그냥 안다. 영적인 촉이라고나 할까. 어느 때는 감동이 오고, 어느 때는 확신이 생기며, 어느 때는 생각지 못했던 아이디어가 떠오르기도 하고, 어느 때는 평안이 임한다. 나를 괴롭혔던 워치만 니의 "영은 아는 것이고, 혼은 이해하는 것"이라는 표현이 이제는 조금 이해가 된다. 아직 이해가 안 되는 분들에게는 미안하지만, 영적인 소통 중 하나는 '그냥 아는 것'이다.

하나님과의 소통뿐 아니라 사람과의 일상에서도 '그냥 아는 것'을 경험할 때가 있다. 사람은 영적인 존재이기에, 오감 외에도 영을 통해 소통할 때가 있다. 가장 친밀한 사이인 부부는 특별한 대화가 없어도 서로에 대해 '그냥 알고 있는 것'이 있지 않은가? 논리적 유추를 넘어서는 직관적 지식이 전해질 때가 있다. 왜냐하면 친밀한 관계 - 사랑은 본질적으로 '영에 속한 기능'이기에, 사랑할 때 영은 하나가 된다. 하나님과의 관계에 있어서도 마찬가지다. 하나님과 친밀한 관계를 누릴 때, 마치 부부가 말하지 않아도 직관적으로 서로의 마음을 알듯이, 그렇게 하나님의 마음을 안다. 직관적 소통의 핵심은 초자연적인 은사라기보다는 하나님과의 친밀한 관계다. 직관적 소통을 활성화시키는 것은 '친밀함' - 서로를 친밀하게 알고 사랑하는 것이다. 하나님을 친밀하게 알고 사랑할 때 하나님과 영적으로 소통하게 된다.

(2) 양심

영적인 소통의 두 번째 방법은 양심이다. 성경은 우리가 생각하는 것보다 양심에 대해 훨씬 많이 이야기한다. 몇 구절만 찾아보자.

[시 16:7] 나를 훈계하신 여호와를 송축할지라 밤마다 내 양심이 나를 교훈하도다

[행 23:1] 바울이 공회를 주목하여 이르되 여러분 형제들아 오늘까지 나는 범사에 양심을 따라 하나님을 섬겼노라 하거늘

[롬 9:1] 내가 그리스도 안에서 참말을 하고 거짓말을 아니하노라 나에게 큰 근심이 있는 것과 마음에 그치지 않는 고통이 있는 것을 내 양심이 성령 안에서 나와 더불어 증언하노니

[딤전 1:19] 믿음과 착한 양심을 가지라 어떤 이들은 이 양심을 버렸고 그 믿음에 관하여는 파선하였느니라

[딤전 4:2] 자기 양심이 화인을 맞아서 외식함으로 거짓말하는 자들이라

[벧전 3:16] 선한 양심을 가지라 이는 그리스도 안에 있는 너희의 선행을 욕하는 자들로 그 비방하는 일에 부끄러움을 당하게 하려 함이라

양심은 우리가 하나님의 법에서 벗어났을 때 그것을 교정하여 돌이키게 하는 역할을 하는 일종의 나침반이다. '지금 그거 아니야'라고 알려준다. 하나님을 전혀 모르는 사람이라 할지라도 양심이라는 영의 기능을 통해 일반적인 하나님의 뜻을 알 수 있다. 그런데 이 양심도 '선한 양심'이 있고, '화인 맞은 양심'이 있다. 죄는 우리 영에 영향을 미치는데, 특히 죄가 반복적으로 우리 삶 속에 들어오면 양심이 무뎌진다. 그래서 나중에는 '화인 맞은 양심', 감각을 상실한 양심이 되어버린다. 성경은 "너희는 선한 양심, 청결한 양심을 지키기에 힘쓰라"고 권면한다.

(3) 말씀 – 하나님의 계시

'직관'과 '양심' 외에도 성경이 이야기하는 중요한 영적 소통 수단이 두 가지 더 있는데 그 첫째는 하나님의 말씀, 성경이다. 성경을 '하나님의 계시'라고 하는데, 계시란 "보여주다, 펼쳐서 알려주다"라는 의미다. 타락한 인간은 하나님과 소통할 수 있는 영의 기능을 상실하고 흙이 되어버렸다. 그래서 흙으로 지

어진 세계와 소통할 수 있는 오감은 있지만, 하나님을 알 수 있고 하나님과 소통할 수 있는 영감은 전무한, 영적 헬렌 켈러가 되어버렸다. 영적인 눈과 귀와 입을 다 잃어버린 것이다. 그렇기에 이제 인간이 하나님을 찾을 수 있는 길은 없다. 그래서 영이신 하나님께서 인간에게 하나님 자신을 먼저 보여주고 가르쳐주셨다. 이것이 바로 '계시'다.

그런 의미에서 기독교는 계시의 종교다. 인간이 하나님을 찾은 것이 아니라 하나님이 주도적으로 자신을 먼저 보여주셨다. 그리고 이 계시의 하이라이트가 바로 '성경'이다. 성경을 읽고 깨닫는 것은 혼의 작용이 아니라 영의 작용이다. 성경을 읽고 묵상하는 행위는 혼의 행위가 아니라 영의 행위다. 보이는 세계와 소통하는 것이 아니라, 보이지 않는 하나님과 소통하며, 보이지 않는 하나님에 대해 느끼며, 보이지 않는 하나님을 사랑하게 되는 영적인 행위다. 성경은 성경에 대하여 이렇게 이야기한다.

[사 40:8] 풀은 마르고 꽃은 시드나 우리 하나님의 말씀은 영원히 서리라 하라

말씀은 영원하다. 보이는 세계에 속한 그 어떤 것도 영원할 수 없다. 기억하는가? 유통 기한이 있다. 영적인 세계에 속한

것 외에 영원한 것은 없다. 그런데 말씀은 영원하다고 한다. 영이기 때문이다. 하나님의 말씀인 성경은 영이신 하나님과 소통하는 영적인 통로다.

(4) 믿음

마지막 네 번째 영적인 소통 방법은 '믿음'이다.

> [히 11:3] 믿음으로 모든 세계가 하나님의 말씀으로 지어진 줄을 우리가 아나니 보이는 것은 나타난 것으로 말미암아 된 것이 아니니라

> [히 11:27] 믿음으로 애굽을 떠나 왕의 노함을 무서워하지 아니하고 곧 보이지 아니하는 자를 보는 것같이 하여 참았으며

믿음에는 놀라운 비밀이 있다. 분명 우리는 영적인 세계나 영이신 하나님을 볼 수도, 들을 수도 없다. 그런데 믿음은 그 보이지 않는 분을 보는 것같이 해준다. 모든 세계가 하나님의 말씀으로 지어진 것을 어떻게 알까? 보았나? 아니, 보지 못했다. 그런데 어떻게 알까? 믿음으로 안다. 보이는 것은 나타난 것으로 말미암아 된 것이 아니라, 영적인 것으로 말미암아 된 것이라는 이 영적인 진리를 어떻게 알까? 믿음으로 안다. 믿음

은, 아니 믿음이야말로 영적인 세계로 들어가는 문이며, 영적인 소통을 열어주는 열쇠다.

어떻게 말씀을 혼으로 읽지 않고 영으로 읽을 수 있을까? 믿음으로! 믿음으로 말씀을 받아들일 때 영으로 읽게 된다. 어떻게 보이지 않는 하나님과 보이는 것처럼 소통할 수 있을까? 믿음으로! 믿음으로 보이는 것처럼 소통한다. 뿐만 아니라 가장 영적인 일 - 영적인 일 중에서도 영적인 일, 구원은 어떻게 일어날까? 믿음으로! 죄사함은 어떻게 받는가? 믿음으로! 영원한 생명 - 영에 속한 이 생명은 어떻게 얻는가? 믿음으로! 오직 의인은 믿음으로 말미암아 살리라! 크도다, 믿음의 비밀이여!

그렇다면 어떤 사람이 영적인 사람일까? 직관이 발달한 사람? 아니다. 그건 일부일 뿐이다. 진짜 영적인 사람은 믿음이 있는 사람이다. 그렇다. 믿음이 있는 사람이 영적인 사람이다.

downloads from heaven

당신은 하나님과 소통할 수 있는 영적인 존재입니다. 잠시 눈을 감고 조용히 그 음성에 귀 기울여보십시오. 오늘도 하나님은 당신에게 말씀하고 계십니다. "내가 너를 사랑하노라", "수고하고 무거운 짐 진 자들은 다 내게로 오라." 친밀함 속에서 전해지는 하나님의 음성이 당신의 삶을 덮을 것입니다.

3장

영혼육의 질서

1. 영혼육에는 질서가 있다

(1) 창조된 질서 : 영 → 혼 → 육

인간의 영과 혼과 육은 독립적으로 따로따로 기능하는 것이 아니라 서로 밀접하게 연결되어 있다. 예를 들어 혼과 육의 관계를 보자. 육은 혼자 따로 활동하지 않는다. 혼에서 느끼고 생각한 것이 있으면, 그것이 의지를 거쳐서 육(몸)에게 전달된다. 그러면 몸은 혼의 결정에 따라 움직인다. 이렇듯 육은 혼의 지배와 통제를 받는다. 이와 마찬가지로 인간의 혼은 영의 지배를 받아야 한다. 이것이 원래 계획하신 창조의 질서다. 영은 혼을 다스리고, 혼은 육을 다스리도록 그렇게 지음 받았다.[2]

　우리 안에 이 질서가 유지될 때, "땅을 정복하고 다스리라"는 창세기 1장 28절의 질서가 우리의 삶 속에서 확장되어 간다.

(2) 타락 : 질서의 붕괴

그런데 실제로 이 질서가 당신의 삶 속에서 잘 유지되고 있는

2　여기서 '영'은 하나님이 우리 안에 불어넣으신 영, 즉 성령과 하나 된 영, 우리 안에 내주하시는 성령을 의미한다.

가? 영과 혼의 질서는 차치하더라도, 적어도 육이 혼의 지배를 잘 받고 있는가? 예를 들어보자. 어느 날 내 배를 보니 살이 너무 쪘다. 혼의 기능 중 하나인 감정이 작동한다. '안 돼! 살찌는 건 싫어!' 그러자 이성이 생각한다. '이 불행한 감정을 행복하게 바꾸려면 살을 빼야 해!' 그리고 이 보고서를 의지에게 전달한다. 그러자 의지가 몸에게 명령한다. '먹지 마! 이제부터 다이어트야!' 그런데 그날 밤에 라면은 왜 먹는가? 이것이 타락의 결과다. 우습지만 사실이다. 중세의 저명한 신학자 토마스 아퀴나스(Thomas Aquinas)는 타락의 결과를 '질서의 파괴'라고 했다. 영은 혼을 다스리고, 혼은 육을 다스리도록 지음 받은 질서가 타락으로 인하여 깨어졌다는 것이다.

타락의 본질은 반역이다. 하나님의 다스림 아래 있어야 할 인간이, 질서를 깨고 반역한 것이 타락이다. 이 반역의 결과 인간 안에 있는 모든 질서가 깨어졌다. 육이 혼에 대해, 혼이 영에 대해 반역한다. 이것은 하나님을 거역한 결과다. 분명히 나의 의지는 라면을 거부하는데, 나의 육체는 라면을 입에 넣고 있는 이 타락! 이것이 로마서 8장 7절과 8절의 말씀이다.

[롬 8:7,8] 육신의 생각은 하나님과 원수가 되나니 이는 하나님의 법에 굴복하지 아니할 뿐 아니라 할 수도 없음이라 육신에 있는 자들은 하나님을 기쁘시게 할 수 없느니라

구원은 타락으로 깨어진 이 질서를 회복하는 것이다. 그래서 성령의 열매에 '절제'가 있지 않은가! 성령 안에서 성화되어 갈수록 육은 혼의 명령에 더욱 복종하게 된다. 이것이 구원받은 인간의 모습이다. 회복된 영원한 하나님의 나라에서는 육이 혼의 명령에 100퍼센트 순복할 것이다. 당신은 엄청난 '절제형 인간'으로 거듭날 것이다. 할렐루야!

타락은 혼과 영의 질서도 깨뜨렸다. 혼은 영의 지배 아래 있도록 창조되었다. 감정도 생각도 의지도 모두 영의 지배를 받아야 한다. 타락하기 전 인간의 영은 하나님의 영과 연합된, 그래서 하나님과 하나 된 온전한 영이었다. 타락으로 인해 이 영에 변화가 생겼다. 영의 기능이 망가진 것인지 상실된 것인지 모르겠지만, 하여간 영이 이상해졌다. 하나님을 인식하지 못할 뿐 아니라 심지어 악한 영과 하나가 되기도 한다. 감사하게도 예수 믿고 구원을 받는 순간, 성령께서 우리 안에 다시 들어오셔서 우리의 영과 온전히 하나 되심으로 처음 창조의 온전함으로 돌아간다.

우리의 혼은 '영 - 내주하시는 성령님'의 지배 아래 순종하도록 지음 받았다. 성령님의 다스리심 아래 마땅히 생각해야 할 것을 생각하고, 성령님의 보호하심 아래 마땅히 느껴야 할 감정들을 느끼고, 성령님의 강권하심 아래 마땅히 해야 할 것을 행하는 자. 이것이 회복된 하나님의 아들들의 정상적인 모습이다.

[롬 8:13,14] 너희가 육신대로 살면 반드시 죽을 것이로되 영
으로써 몸의 행실을 죽이면 살리니 무릇 하나님의 영으로 인도
함을 받는 사람은 곧 하나님의 아들이라

(3) 영이 약해서 그렇다

원론적으로는 그렇다. 그런데 문제는 이러한 질서가 잘 지켜
지지 않는다는 것이다. 당신의 혼(생각)은 영(성령)의 다스림에
잘 복종하는가? 당신은 마땅히 생각해야 할 바만 생각하는가?
현실은 그렇지 않을 것이다. 혼은 생각하지 말아야 할 것을 마
음대로 생각하고, 느끼지 말아야 할 것에서 마음대로 쾌락을
느끼며, 감정에 따라 결정하지 말아야 할 것을 함부로 결정한
다. 이것이 타락한 내 몸의 현실이다. 질서대로 안 된다.

분명히 구원받았는데 왜 그럴까? 왜 그런지 아는가? 영이
약해서 그렇다. 구원은 받았을지 모르지만 영이 약한 것이다.
영이 약하면 혼이 다시 반란을 일으킨다. 사실 혼과 육의 관계
도 마찬가지다. 혼이 강한 사람이 있고, 혼이 약한 사람이 있
다. 교육을 비롯한 여러 훈련을 통해 혼이 강해진 사람, 특히
의지가 강해진 사람의 육은 혼에 잘 복종한다. 옆에서 사람들
이 냄새를 풀풀 풍기며 라면을 먹어도 끄떡없다. 반면 혼이 약

한 사람, 특히 의지가 약한 사람은 라면 봉지만 봐도 의지가 무너진다. 생각할 틈도 없이 몸이 먼저 반응한다. 정신 차리고 보니 먹고 있다. '어? 내가 어떻게 먹고 있지?' 혼, 특히 의지가 약한 것이다.

이와 마찬가지로 영도 강할 수도 있고, 약할 수도 있다. 구원을 받았어도 그렇다. 그렇기에 하나님의 창조 질서가 회복된, 구원받은 자로서 정상적인 삶을 살려면, 영이 강해져야 한다. 이것을 다른 말로는 성령 충만이라 부른다. 사실 '영이 강하다'는 것은 '성령 충만'의 다른 표현이다. 용어를 '구속하기' 위해 익숙하지 않은 표현을 사용한 것뿐이다.

[갈 5:16,17] 내가 이르노니 너희는 성령을 따라 행하라 그리하면 육체의 욕심을 이루지 아니하리라 육체의 소욕은 성령을 거스르고 성령은 육체를 거스르나니 이 둘이 서로 대적함으로 너희가 원하는 것을 하지 못하게 하려 함이니라

여기서 '육체'란 '혼과 육 전체'를 일컫는다. 이분설로 이야기한 것이다. 혼과 육은 '영, 성령'의 지배 아래 있어야 한다.

2. 영적인 사람, 혼적인 사람, 육적인 사람

(1) 육에 속한 사람

영혼육의 강도에 따라 사람은 세 종류로 구분된다. 육이 강한 사람이 있고, 혼이 강한 사람이 있으며, 영이 강한 사람도 있다. 육이 강한 사람이란 그 사람의 영혼육 중에서 육의 파워가 가장 막강한 사람이다. 그의 삶의 결정권의 대부분을 육이 가지고 있다. 마치 가정에서 남편, 아내, 자식 중 누가 가장 큰 파워를 가지고 결정권을 행사하느냐가 중요한 것처럼, 우리 몸에도 영혼육 중 어떤 것이 결정권을 가지느냐가 중요하다. 육에 속한 사람은 육이 결정권을 가진다. 이런 사람을 '육에 속한 사람'이라 부른다. 이런 사람은 마치 짐승처럼 육체의 욕구에 따라 산다. 짐승들은 당연히 육에 속한 존재다. 짐승들은 이성적인 생각보다는 육의 욕구, 본능에 충실하다. 배고프면 먹고, 발정기가 되면 관계 맺고, 약한 놈을 보면 죽이고, 강한 놈을 보면 도망간다. 그냥 본능대로 산다. 육에 속한 사람도 그렇다. 이 사람들은 '세상의 기준'으로도 손가락질을 받는 사람들이다. '짐승 같은 놈!', 육에 속한 사람이다. 성경은 육에 속한 '짐승 같은 놈'에 대해 이렇게 이야기한다.

[벧후 2:12] 그러나 이 사람들은 본래 잡혀 죽기 위하여 난 이

성 없는 짐승 같아서 그 알지 못하는 것을 비방하고 그들의 멸
망 가운데서 멸망을 당하며

[갈 5:19-21] 육체의 일은 분명하니 곧 음행과 더러운 것과 호
색과 우상 숭배와 주술과 원수 맺는 것과 분쟁과 시기와 분냄
과 당 짓는 것과 분열함과 이단과 투기와 술 취함과 방탕함과
또 그와 같은 것들이라 전에 너희에게 경계한 것 같이 경계하
노니 이런 일을 하는 자들은 하나님의 나라를 유업으로 받지
못할 것이요

(2) 혼에 속한 사람

둘째, 혼이 강한 사람, '혼에 속한 사람'이 있다. 혼의 기능이 영
이나 육의 기능보다 더 발달한 사람이다. 혼에 속한 사람의 특
징은 끊임없이 '꾀'를 낸다는 것이다.

[시 1:1] 복 있는 사람은 악인들의 꾀를 따르지 아니하며 죄인
들의 길에 서지 아니하며 오만한 자들의 자리에 앉지 아니하고

[전 7:29] 내가 깨달은 것은 오직 이것이라 곧 하나님은 사람을
정직하게 지으셨으나 사람이 많은 꾀들을 낸 것이니라

'꾀'에 해당하는 히브리어는 '히쏴본'인데, 이는 "정신적인 계략, 전략"을 뜻한다. 혼에 속한 사람은 영의 명령에 따라 움직이는 것이 아니라, 꾀, 정신의 계략, 즉 혼의 생각에 따라 움직인다. "하나님이 무엇이라 하시나?"를 묻는 것이 아니라 "지금 어떻게 하는 것이 '내게 최선'인지"를 묻는다. 하나님 앞에서 내가 마땅히 행할 바를 행하는 것이 아니라, "내게 가장 유리해 보이는 최선의 것"을 행한다. 혼에 속한 사람의 중심은 '나'다. 하나님도, 다른 사람도 아니고 '나'다. 그래서 이런 사람을 '자아가 강한 사람'이라고 한다. 자아가 강한 것은 혼에 속한 사람의 대표적인 특징이다. 자아가 강한 것은 여러 다양한 모습으로 나타나는데, 대표적으로 자기에 대한 강한 믿음, 자기보호, 자기애 등을 들 수 있다.

자기에 대한 강한 믿음

'자기에 대한 강한 믿음'은 자존심이 강한 것, 고집이 센 것, 교만한 것, 지나친 자신감 등을 말한다. 세상에서도 이런 사람을 자아가 강한 사람이라 칭한다. 믿는 부모 중에서도 자식들을 기죽이지 않고 자신감 있는 아이로 키운다며 실제로는 자아가 강한 아이로 키우는 경우를 많이 본다. 잘못하는 것이다. 우리는 자녀들을 혼에 속한 사람이 아니라 영에 속한 사람으로 키워야 한다. '자기에 대한 믿음'이 아니라 '하나님에 대한 믿음'

이 강한 사람으로 키워야 한다.

자아에 대한 믿음이 강하기 때문에 나타나는 특징은 기도하지 않는 것이다. 억지로 할 수는 있다. 그러나 기도를 좋아하지는 않는다. 기도는 연약한 사람, 내가 할 수 없다고 느끼는 사람만 할 수 있는 것이기 때문이다. 혼에 속한 사람은 자기에 대한 믿음이 충만하기에 기도에 대한 필요를 별로 느끼지 않는다.

자기보호

자아가 강한 것이 때로는 자기보호로 드러난다. '자기보호'란 말 그대로 자기를 보호하기 위해 나타나는 현상들이다. 자기를 보호하기 위해 다른 사람을 속이는 것이 교활한 것이다. 자기를 정당화하기 위해 다른 사람이나 환경을 나쁜 사람이나 나쁜 환경으로 규정하는 것, 이런 비판적이고 부정적인 것의 근원이 자기보호다. 이기적인 것도 당연히 자기보호다. 상처받기 싫어서 마음의 문을 닫고 열지 않는 것, 쉽게 삐지는 것, 이런 것들이 모두 자아를 보호하기 위한 동기에서 나온 것들로, 혼에 속한 사람의 특징이다.

자기애

자아가 강한 사람의 표현은 자기애다. '자기애'는 종종 다음과 같은 것들로 표현된다. 자기연민 - 자기를 항상 피해자로 생각한다. '불쌍한 내 자아야…', '더 잘할 수 있는데…', '슬프다' 등은 열등감의 표현이다. 이기주의, 사람이나 지위, 재물 등에 대한 집착, 이것이 모두 자아가 강한 - 혼에 속한 사람들의 특징이다.

이원설로 설명하면, '혼과 육'은 모두 보이는 세계에 속한 것이다. 육에 속한 사람에 비해 조금 세련되게 포장되어 있을 뿐, 혼에 속한 사람도 그 본질은 그리 다르지 않다. 성경은 이 땅에 속한, 육에 속한 사람과 혼에 속한 사람에 대해 이렇게 이야기한다.

[딤후 3:1-5] 너는 이것을 알라 말세에 고통하는 때가 이르러 사람들이 자기를 사랑하며 돈을 사랑하며 자랑하며 교만하며 비방하며 부모를 거역하며 감사하지 아니하며 거룩하지 아니하며 무정하며 원통함을 풀지 아니하며 모함하며 절제하지 못하며 사나우며 선한 것을 좋아하지 아니하며 배신하며 조급하며 자만하며 쾌락을 사랑하기를 하나님 사랑하는 것보다 더하며 경건의 모양은 있으나 경건의 능력은 부인하니 이같은 자들에게서 네가 돌아서라

이것이 육체, '육과 혼'에 속한 사람의 특징이다.

(3) 영에 속한 사람

셋째, 영이 강한 사람, '영에 속한 사람'이 있다. 이 사람은 영에 의해 움직인다. 혼과 육이 뭐라고 해도, 영에 의해 움직인다. 영이 강하다는 것은 인간 스스로의 영의 기능이 강한 것을 의미하는 것이 아니다. 영이 강하다는 것은 우리 안에 거하시는 성령님, 그분의 영과 하나가 된 우리 영 - 내주하시는 성령님이 강하신 것을 의미한다.

영이 강한 것 vs 영이 예민한 것

'영이 강한 것'은 '영이 예민한 것'과는 다르다. 영이 강한 것은 영의 통치 - 성령님의 다스리심이 내 안에서 강해지는 것이다. 이것과는 별개로 선천적으로 '영이 예민한 사람'이 있다. 피부가 예민한 사람이 있듯이 영적인 기능이 예민한 사람이다. 이런 사람들은 뭘 잘 보고 잘 듣는다. 아마 예수를 믿지 않았다면 무당이 되었을 것이다. 이것은 영이 '강한 것'이 아니라 '예민한 것'이다. 피부가 예민한 것과 강한 것은 다르지 않은가! 피부가 예민하면 작은 자극에도 반응하는 것처럼 영이 예민한 것도 비슷하다.

그러나 영이 강하다는 것은 선천적으로 타고나는 영적 예민함이 아니라, 우리의 선택에 의해 이루어지는 후천적인 것이다. 그것은 우리와 연합하신 성령님께 우리 삶의 주도권을 내

어드리는 것이다. 영의 통치 아래 혼과 육이 순복하는 것이다. 그래서 이것을 다른 말로는 '성령 충만'이라 한다. 영이 강한 사람, 영에 속한 사람은 성령 충만한 사람이다. 영이 너무 예민해서 '아토피 영'인 사람도 있는데, 이것은 영적인 것이 아니라 치유가 필요한 질병이다.

영이 강한 사람은 성령을 따라 행한다. 하나님의 뜻에 순종한다. 영으로써 육의 행실을 죽인다.

[롬 8:12-14] 그러므로 형제들아 우리가 빚진 자로되 육신에게 져서 육신대로 살 것이 아니니라 너희가 육신대로 살면 반드시 죽을 것이로되 영으로써 몸의 행실을 죽이면 살리니 무릇 하나님의 영으로 인도함을 받는 사람은 곧 하나님의 아들이라

영에 속한 사람은 영으로써 육의 행실을 죽이며, 하나님의 영으로 인도함을 받는다. 성령을 따라 산다. 이런 사람의 삶의 모습은 어떨까?

[빌 4:8] 끝으로 형제들아 무엇에든지 참되며 무엇에든지 경건하며 무엇에든지 옳으며 무엇에든지 정결하며 무엇에든지 사랑받을 만하며 무엇에든지 칭찬받을 만하며 무슨 덕이 있든지 무슨 기림이 있든지 이것들을 생각하라

그는 무엇에든지 참되고 무엇에든지 경건하고 무엇에든지 옳고 무엇에든지 정결하고 무엇에든지 사랑받을 만하며 무엇에든지 칭찬받을 만하다. 영이 우리를 지배할 때, 우리 삶은 이렇게 된다. 이것이 영에 속한 사람의 모습이다.

3. 병든 영 vs 건강한 영의 10가지 특징

어떻게 해야 영에 속한 사람이 될 수 있을까? 간단하다. '혼과 육'보다 '영'이 강해지면 된다. 혼이 강하면 혼에 속한 사람이 되고, 육이 강하면 육에 속한 사람이 되는 것처럼 영이 강하면 영에 속한 사람이 된다. 몸이 건강하기도 하고 쇠약하기도 한 것처럼, 영도 건강한 영이 있고 쇠약한 영이 있다. 건강한 영과 쇠약한(병든) 영의 10가지 특징에 대해 살펴보자.

(1) 죄의 유혹 vs 순종

영이 약하면 육(혼과 육)이 우리를 지배한다. 그 결과 죄의 유혹에 쉽게 넘어간다. 반면 영이 강하면 성령께서 우리를 지배한다. 죄의 유혹에 쉽게 넘어가지 않고, 대신 영의 말씀, 하나님의 말씀에 쉽게 순종한다. 영이 약할 때는 그렇게 거부하기 힘들어 보이던 달콤한 죄의 유혹들이, 영이 강해지면 역겹게 느껴진다. 반대로 영이 약할 때 그렇게 지겹고(?) 졸리던 성경 말씀이, 영이 강해지면 꿀처럼 달콤해진다.

말씀이 부담스럽고 순종하기 어렵다고 느껴진다면, 그것은 영이 약하기 때문이다. 죄의 유혹이 도저히 거부할 수 없다고 느껴진다면, 그것은 영이 약하기 때문이다. 영이 강하면 하나님의 말씀에 순종하는 것이 더 쉽게 느껴진다.

(2) 불안 vs 평안

영이 약하면 마음이 불안하고 평안이 없다. 반대로 영이 강하면 평안하고 기쁘다.

> [롬 8:6] 육신의 생각은 사망이요 영의 생각은 생명과 평안이니라

영이 강하면, 다른 말로 성령 충만하면, 마음에 평안이 있다. 상황이 아무리 어려워도 마음은 평안하다. 믿음 때문에 그렇다. 믿음은 영적인 기능이다. 믿음이 있으면 어떠한 상황에서도 그다지 불안하지 않다. 그러나 믿음이 없는 사람은 인생의 작은 파도에도 불안하다. 심지어 화창한 날에도 불안하다. '이 화창함이 언제까지 갈까, 불안하다⋯.' 기억하라. 평안은 영에 속한 축복이다. 평안이란 '영이 육을 지배하고 있는 상태'를 의미한다.

반면 '보이는 상황과 현실에 의해 감정이 요동치는 상태', 이

것이 불안이다. 육이 강하면 '감정'도 육의 정보에 의해 움직인다. 그러나 영이 강하면 육이 어떤 정보를 제공해도, 감정이 그것에 의해 좌지우지되지 않는다. 오히려 감정이 영이 주는 정보에 반응한다. 영이 주는 정보는 "하나님이 나와 함께하신다"는 것이다. 여기에 감정이 반응하는 상태, 이것이 평안이다. 그래서 영이 강해져야 평안이 있다. 기억하라. 불안이 "육이 우리의 감정을 지배하고 있는 상태"를 일컫는 용어라면, 평안은 "영이 우리의 감정을 지배하고 있는 상태"를 일컫는 용어다.

(3) 두려움 vs 확신

영이 약하면 두려움이나 불안감에 의해 움직이고, 영이 강하면 확신 가운데 움직인다. 내가 내린 결정이 영적인 결정인지, 혼적인(또는 육적인) 결정인지 어떻게 알 수 있을까? 불안함이나 두려움 때문에 무언가를 했다면, 그 내용이 무엇이든지 간에 (설령 헌금을 드리고, 선교를 한다 할지라도) 그것은 혼적인 일이다. 영적인 일은 확신 가운데 일어나는 일이며 결정이다. 영이 강하면 믿음이 있고, 믿음이 있으면 불안감과 두려움이 설 자리가 없다. 영이 강하면 담대함이 생긴다. 믿음이 주는 담대함이다.

[엡 3:12] 우리가 그 안에서 그를 믿음으로 말미암아 담대함과

확신을 가지고 하나님께 나아감을 얻느니라

당신은 두려움과 불안함 때문에 움직이는가, 아니면 확신과 담대함 가운데 움직이는가? 이것이 당신의 영의 상태, 다시 말해 당신이 영에 속한 사람인지, 혼에 속한 사람인지를 말해준다. 두려움으로 행하지 않도록 주의하라.

(4) 불평 vs 감사

넷째, 영이 약하면 늘 불평과 부정적인 말을 달고 산다. '이건 이래서 문제고', '저건 저래서 문제고', '이 인간은 이래서 나쁘고', '저 인간은 저래서 실망'이라는 것이다. 영이 약한 것이다. 그러나 반대로 영이 강하면 늘 감사를 달고 산다. 이리 봐도 감사, 저리 봐도 감사다. 감사할 것만 보인다.

[살전 5:18] 범사에 감사하라 이것이 그리스도 예수 안에서 너희를 향하신 하나님의 뜻이니라

영이 강하기에 우리를 향하신 하나님의 뜻, '범사에 감사한 것'이 우리 마음을 지배한다. 당신의 영은 강한가, 아니면 약한가? 당신의 영은 건강한가, 아니면 병들었는가?

(5) 짜증과 공허 vs 충만과 기쁨

영이 약하면 삶이 짜증나고 공허하다. 그러나 영이 강하면 삶이 충만하고 즐겁다.

> [빌 4:4] 주 안에서 항상 기뻐하라 내가 다시 말하노니 기뻐하라

(6) 질서 없음 vs 절제된 질서

영이 약하면 삶에 질서가 없고 어지럽다. 혼과 육이 삶을 지배하기 때문이다. 그러나 영이 강하면 삶이 절제되고 그 안에 질서가 있다. 하나님은 질서의 하나님이시기에, 그분의 영의 지배 아래 있으면 질서가 있다.

> [고전 14:33] 하나님은 무질서의 하나님이 아니시요 오직 화평의 하나님이시니라…

> [고전 14:40] 모든 것을 품위 있게 하고 질서 있게 하라

(7) 인도하심에 둔감 vs 인도하심에 민감

영이 약하면 성령님의 인도하심에 둔감하다. 성령께서 아무리 말씀하셔도 못 알아듣는다. 그러나 영이 강하면 성령님의 인도하심에 민감하다. 아주 세미한 인도하심에도 영이 민감하게

반응한다.

(8) 억압과 지배 vs 희생과 섬김

영이 약하면 자기보다 약한 자를 억압하고 지배하려 한다. 동물들을 보라. 영이 없는 동물의 세계에서는 약육강식이 진리다. 영이 약하면 인간도 짐승처럼 된다. 그러나 영이 강한 사람은, 약한 자를 긍휼히 여겨 섬기고, 자기 십자가를 지며 희생하고, 약한 자를 살린다. 이것이 예수님의 모습이자 영적인 삶을 살았던 신앙의 선배들의 모습이다. 영이 강한 사람은 십자가를 짊어지므로 연약한 사람들을 섬기고 살린다.

(9) 육체의 열매 vs 성령의 열매

영이 약한 사람은 육(혼과 몸)이 삶을 지배하기에 육체의 열매를 맺고, 영이 강한 사람은 영이 삶을 지배하여 성령의 열매를 맺는다.

[갈 5:22,23] 오직 성령의 열매는 사랑과 희락과 화평과 오래 참음과 자비와 양선과 충성과 온유와 절제니 이같은 것을 금지할 법이 없느니라

(10) 무기력 vs 능력

영이 약한 사람은 무기력하고, 영이 강한 사람은 능력이 있다.

[빌 4:13] 내게 능력 주시는 자 안에서 내가 모든 것을 할 수 있
느니라

영이 약하면 '나는 안 돼. 나는 못 해'라는 생각에 사로잡힌
다. 그러나 영이 강하면 "할 수 있거든이 무슨 말이냐? 믿는 자
에게는 능히 하지 못할 일이 없느니라", "내게 능력 주신 자 안
에서 내가 모든 것을 할 수 있느니라"라는 믿음이 생긴다.

영적인 것과 혼적인 것이 구분되는가? 불안과 두려움 때문
에 행동하고 결정하는 것은 혼적인 것이다. 반면 확신 가운데
움직이고 결정하는 것은 영적인 것이다. 짜증과 원망 가운데
결정하는 것이 혼적인 것이라면, 감사와 비전 가운데 결정하
는 것은 영적인 것이다. 기쁨과 감사는 영적인 것이고, 우울함
과 슬픔은 혼적인 것이다. 삶에 질서가 있고 절제된 것이 영적
인 것이며, 삶에 질서가 없고 어지러운 것은 혼적인 것이다. 영
이 강한 사람이 되라. 영이 예민한 사람이 아니라 영이 강한 사
람, 성령 충만한 사람이 되라.

거듭난 사람도 육이 불쑥불쑥 올라올 때가 있다. 두려움 때

문에 뭔가 해야 할 것같이 느껴지기도 하고, 불만과 원망 때문에 무언가를 결정하기도 한다. 이럴 때는 어떻게 해야 하는가?

[빌 4:6,7] 아무것도 염려하지 말고 다만 모든 일에 기도와 간구로, 너희 구할 것을 감사함으로 하나님께 아뢰라 그리하면 모든 지각에 뛰어난 하나님의 평강이 그리스도 예수 안에서 너희 마음과 생각을 지키시리라

하나님께 아뢰어야 한다! 기도의 자리로 나아가야 한다. 그리하면 하나님께서 우리 마음과 생각을 지키신다! 이것이 영이 혼과 육을 지배하게 하는 방법이다. 혼에 속한 사람, 육에 속한 사람은 혼과 육을 다스릴 줄 모른다. 기도하지 않기 때문이다.

성령으로 시작해서 육으로 마치는 사람이 얼마나 많은지 모른다. 기도의 자리를 떠나 있기 때문이다. 하나님이 축복하셔서 삶에 돌파가 일어난다. 사업이 잘되고, 사역이 풍성해지고, 교회가 부흥하기도 한다. 분명히 성령으로 시작했다. 그런데 그러다보면 바빠진다. 할 일이 너무 많다. 기도의 자리를 슬그머니 떠나기 시작한다. 기도할 시간이 없다. 그 결과 영이 쇠약해지고, 육이 충만해지기 시작한다. 이것이 성령으로 시작해서 육으로 마치는 루틴(routine)이다.

육으로 살면 안 된다. 영으로 살아야 한다. 어떻게? 기도와 말씀으로! 영이 강해지는 비급(祕笈) 같은 것은 없다. 영은 단순하고 명료하다. 2천 년 기독교 역사를 통해 알려진 '영을 강하게 하는 길'은 기도하고 말씀을 보는 것이다. 영적인 원리를 따라 살며 말씀에 순종하는 것이다. 그것이 이 책의 목적이다. 이 단순한 원리를 실행할 수 있다면, 당신의 영은 더욱 강해질 것이다. 파이팅!

downloads from heaven

오늘 당신을 움직이게 하는 힘은 무엇입니까? 혹시 두려움이나 불안함은 아닙니까? 두려움, 불안, 걱정, 염려 같은 부정적인 감정들은 혼을 움직이게 하지, 영을 움직이게 하지 않습니다. 영은 평안 가운데 움직입니다. 지금 당신을 두렵게 하는 것은 무엇입니까? 두려움을 몰아내십시오. 하나님의 사랑으로.

PART 2

원리

PRINCIPLES

2부에서는 고린도전서를 통해 영적 세계의 원리들을 구체적으로 살펴보겠다. 고린도전서는 바울이 문제가 많았던 고린도교회를 위하여 적은 '영적 원리'를 담은 책이다. 고린도전서를 통해 영적 세계를 살아갈 때 반드시 알아야 하는 영적 원리들에 대해 살펴보자.

영적 원리들의 대전제가 되는 중요한 원리가 있다. "육의 원리를 따라 살면 육(또는 혼)이 강해지고, 영의 원리를 따라 살면 영이 강해진다"라는 것이다. 육의 원리를 따라 살면 육이 계속 강해진다. 그리고 그 결과 육이 삶을 지배하는 비정상적인 인생을 살게 된다. 그러나 반대로 영의 원리를 따라 살면 영이 강해진다. 그러면 질서 가운데 '혼과 육'은 '영'의 지배를 따르게 된다. 이것이 영적인 삶이고 성령 충만한 삶이다. 영적인 삶 속에는 질서가 있고 평안이 있으며 안식과 기쁨이 있다. 영적인 삶을 원하는가? 그렇다면 영을 강하게 하라. 어떻게? 영적인 원리를 따라 살라!

원리 1

영은 하나 되게 하고 육은 나눈다

고전 1:10-13

고린도전서에서 이야기하는 첫 번째 영적 세계의 원리는 "영은 하나 되게 하고 육은 나눈다"는 것이다. 영은 마치 물방울 같다. 근처에 물방울들이 있으면 어느 순간 스르르 합쳐져서 하나가 되듯이, 영은 서로 끌어당겨 하나가 되게 하는 속성이 있다. 그러나 육은 다르다. 육은 분리하고 고립시키고 나누어지게 한다. 심지어 영적인 주제를 이야기하면서도 육은 서로 나누고 가른다. 미성숙했던 고린도교회 안에는 여러 가지 분열이 있었다.

> [고전 1:10-13] 형제들아 내가 우리 주 예수 그리스도의 이름으로 너희를 권하노니 모두가 같은 말을 하고 너희 가운데 분쟁이 없이 같은 마음과 같은 뜻으로 온전히 합하라 내 형제들아 글로에의 집 편으로 너희에 대한 말이 내게 들리니 곧 너희 가운데 분쟁이 있다는 것이라 내가 이것을 말하거니와 너희가 각각 이르되 나는 바울에게, 나는 아볼로에게, 나는 게바에게, 나는 그리스도에게 속한 자라 한다는 것이니 그리스도께서 어찌 나뉘었느냐 바울이 너희를 위하여 십자가에 못 박혔으며 바울의 이름으로 너희가 세례를 받았느냐

이들 중 어떤 이는 바울파라 하고, 어떤 이는 아볼로파라 하고, 어떤 이는 게바파(베드로파)라 하고, 또 어떤 이는 "사람에게 속하면 되겠느냐? 나는 그리스도에게 직접 속한 그리스도파"라고 주장했다. 교회 안에 분파가 나뉘어 있었던 것이다. 그런데 이렇게 분파가 나뉜 이유가 아이러니하게도 침례를 누구에게 받았느냐 하는 문제 때문이었다. 침례가 무엇인가? 그리스도와 한 몸을 이루고, 그 결과 공동체가 한 몸이 되는 것이지 않은가! 그런데 그 침례 받는 것을 가지고 분열이 되었다니!

1. 육은 나눠지게 한다

육에 속한 삶은 영적인 주제를 이야기하면서도 분열된다. 과도한 신학 논쟁이 교회를 갈라놓기도 하고, 서로 다름을 인정하지 못해 싸우기도 한다. 육은 하나 되지 못한다. 교회가 깨어질 때 보면, 많은 경우 영적인 주제를 가지고 싸운다. 서로의 이야기를 들어보면, 하나님에 대한 열정이 대단하다! 그런데 그 열정 때문에 갈라진다. 바울파, 아볼로파, 게바파… 이것이 육의 속성이다.

분열되고 나뉘면 영은 침체된다. 나눠짐은 육의 속성이기 때문에 나눠질 때 우리 안에 육이 '강해'진다. 나눠질 때 보면 혈기가 왕성하다. 감정이 끓어오르고, 꾀 - 상대를 무너뜨릴 지혜가 충만해진다. 게다가 체력은 또 얼마나 대단한지! 상대와

싸우기 위해 자지도 먹지도 않고 움직인다. 대단한 열심이고 대단한 체력이다. 그렇다. 나뉘는 일이 시작되면, 우리 육이 활성화된다.

그렇다면 그럴 때 영은 어떨까? 육이 강성해지면 영이 역사할 공간이 없다. 영은 쭈그러들고 침체된다. 그래서 성경은 하나 되기를 힘쓰라고 말한다.

[엡 4:3,4] 평안의 매는 줄로 성령이 하나 되게 하신 것을 힘써 지키라 몸이 하나요 성령도 한 분이시니 이와 같이 너희가 부르심의 한 소망 안에서 부르심을 받았느니라

하나 됨을 힘쓰라. 그래야 영이 활성화될 수 있다. 하나 됨이 깨어지면 성령께서는 역사하시지 않는다. 아니 못한다. 그것이 영적인 원리이기 때문이다. 생각해보라. 가정이 깨어져서 엉망인데, 그 가운데 성령께서 역사하셔서 엄청난 부흥이 일어난다? 그런 상상이 되는가? 불가능한 일이다. 마치 에어컨을 틀어놓고 방 안의 온도가 올라가기를 기대하는 것처럼 불가능하다. 영은 '하나 될 때' 활성화된다. 육이 '나뉘질 때' 활성화되듯이 말이다. 영적인 삶을 원하는가? 성령께 사로잡힌 삶을 원하는가? 그렇다면 하나 됨을 힘써 지키라. 당신 안에 계신 성령께서 활발하게 일하기 시작하실 것이다. 이것이 영이 활성

화되는 길이다.

2. 영은 하나 되게 한다

물론 모든 영이 다 하나 되게 하는 것은 아니다. '하나님께 속한 영'만 하나 되게 한다. 하나님께 속하지 않은 영은 다르다. 그래서 성경은 영을 분별하라고 한다.

> [요일 4:1] 사랑하는 자들아 영을 다 믿지 말고 오직 영들이 하나님께 속하였나 분별하라 많은 거짓 선지자가 세상에 나왔음이라

'하나님의 영'에는 하나 되는 속성이 있다. 물방울이 서로를 끌어당겨 하나가 되듯 하나님의 영도 그러하다. 그래서 성경은 종종 성령의 역사를 생수, 샘물, 흐르는 강 등 물에 비유한다. 삼위일체 하나님을 보라. 하나님의 영의 속성을 잘 보여주고 있지 않은가? 세 분이신데 하나다! 한 분이신지 세 분이신지 구분이 안 된다. 영의 원리에 따라 '구분이 불가능한 연합'을 이루고 계신다. 보이는 세상의 원리로는 이해도, 설명도 불가능하다. 어떻게 세 분이시면서 동시에 한 분이실 수 있는가? 그렇다. '완전한 연합'은 보이는 세상의 원리로는 이해도, 설명도 불가능한 신비의 영역이다. 그것은 '영에 속한 현상'이기 때

문이다. 이 삼위일체의 신비 안에 가장 충만한 하나님의 생명이 거하시듯, 우리도 그렇다. 하나 될 때, 연합할 때, 그 안에 가장 충만한 하나님의 생명이 거한다. 이것이 영적 원리다.

성령 충만하기를 원하는가? 육이 아닌 영이 다스리는 삶을 원하는가? 그렇다면 하나 되기를 힘쓰라. 형제자매와의 관계가 계속 삐걱대는데도 영적인 삶을 살기 원한다면, 그건 에어컨을 틀어놓고 방 안의 온도가 올라가기를 기대하는 것만큼이나 어리석은 일이다. 분열을 경계하라. 분열은 당신의 영을 가장 먼저 죽인다.

downloads from heaven

분열 대신 연합, 하나 됨을 추구하십니까? 그런데 아직 용서하지 못하는 사람이나 영역이 있습니까? 용서하지 못함은 내 영을 묶고 방해할 뿐 아니라 하나 되지 못하게 합니다. 의지적으로 용서를 선택하십시오.

원리 2

영은 믿는 것이고 혼은 이해하는 것이다

고전 1:18-21

두 번째 원리는 영은 믿는 것이고, 혼은 이해하는 것이라는 원리다.

[고전 1:18-21] 십자가의 도가 멸망하는 자들에게는 미련한 것이요 구원을 받는 우리에게는 하나님의 능력이라 기록된 바 내가 지혜 있는 자들의 지혜를 멸하고 총명한 자들의 총명을 폐하리라 하였으니 지혜 있는 자가 어디 있느냐 선비가 어디 있느냐 이 세대에 변론가가 어디 있느냐 하나님께서 이 세상의 지혜를 미련하게 하신 것이 아니냐 하나님의 지혜에 있어서는 이 세상이 자기 지혜로 하나님을 알지 못하므로 하나님께서 전도의 미련한 것으로 믿는 자들을 구원하시기를 기뻐하셨도다

1. 이 세상 지혜는 하나님을 다 알 수 없다

고린도전서 1장 21절은 "이 세상 지혜로는 하나님을 다 알 수 없다"라고 말한다. 하나님은 '하늘에 속한 분'이시기 때문이다. 반면 우리 몸은 '이 땅'에 속했다. 지혜란 '이 땅의 것을 이해하는 기능'이다. 지혜는 이 땅의 것을 이해하는 기능이지, 영적인 것을 이해하는 기능이 아니다. 그렇기에 이성(=혼=지혜)으로 영

적인 것을 모두 이해하려고 하는 것은 마치 야구의 룰로 축구 경기를 이해하려는 것만큼이나 어리석은 일이다. 야구와 축구 는 전혀 다른 세계에 속한 것이기 때문이다. 이처럼 이 땅의 것 을 이해하기 위해 주어진 지혜(또는 이성)로 영적인 세계를 이해 하려 하는 것은 어리석은 일이다. 영적인 것은 혼으로 이해하 는 것이 아니라 영으로 믿어야 한다. 이것이 원리다.

물론 이것은 하나님을 이해하는 데 혼의 기능이 전혀 소용 없다는 뜻은 아니다. 하나님은 반(反)지성적인 분이 아니시다. 그런데 하나님은 반지성적인 분은 아니시지만 초(超)지성적인 분이시다. 하늘과 땅을 모두 만드신 분이시다. 물질 세계 역시 하나님께 속한 것이기에, 우리가 혼의 기능을 통해 하나님과 하나님이 하신 일들을 알아갈 수 있다. 그러나 하나님은 그 이 상의 존재이시다. 땅에만 속한 분이 아니라 하늘과 땅을 모두 만드신 분! 우리의 이해를 뛰어넘는 초지성적인 분! 그렇기에 우리의 지혜, 우리 혼의 이성으로는 하나님을 다 이해할 수 없다.

그래서 하나님께서 요구하시는 것이 있는데, 그것이 바로 '믿음'이다. 하나님께서 전도의 미련한 것으로 믿는 자들을 구 원하셨다(고전 1:21). 믿음을 통해 구원하신다는 것이다. 다 이 해할 수 없어도 믿고 따라오라는 것이다. 그래서 구원은 이해 함으로 얻는 것이 아니라 믿음으로 얻는다.

2. 하나님은 지혜를 멸하시고 총명을 폐하신다

둘째, 하나님은 지혜를 멸하시고 총명을 폐하신다.

> [고전 1:19] 기록된 바 내가 지혜 있는 자들의 지혜를 멸하고
> 총명한 자들의 총명을 폐하리라 하였으니

> [고전 1:25,27,28] 하나님의 어리석음이 사람보다 지혜롭고
> 하나님의 약하심이 사람보다 강하니라 ⋯ 그러나 하나님께서
> 세상의 미련한 것들을 택하사 지혜 있는 자들을 부끄럽게 하려
> 하시고 세상의 약한 것들을 택하사 강한 것들을 부끄럽게 하려
> 하시며 하나님께서 세상의 천한 것들과 멸시 받는 것들과 없는
> 것들을 택하사 있는 것들을 폐하려 하시나니

여기서 '지혜 있는 자'란 인생을 혼의 생각으로 풀어가려는
사람을 의미한다. 내 생각과 내 능력으로 인생을 헤쳐 가려는
사람, 그렇게 헤쳐 갈 수 있다고 생각하는 사람, 이 사람이 고
린도전서 1장에서 이야기하는 지혜 있는 자다. 지혜 있는 자는
혼이 강화된다. 앞서 이야기했듯이, 혼(또는 육)을 강화시키는
것이 있고 영을 강화시키는 것이 있는데, '사람의 지혜'는 당연
히 혼(또는 육)을 강화시킨다. 지혜는 '보이는 세상을 이해하고
판단하는 기능', 즉 혼과 육에 속한 기능이기 때문이다. 그렇기

에 이 기능을 사용하면 사용할수록 영이 아니라 혼이 강화된다.

그렇다면 영을 강화시키는 것은 무엇일까? 그것은 '하나님에 대한 믿음'이다. 인생을 사람의 지혜로 살아가려 하지 않고, 하나님에 대한 믿음으로 살아갈 때, 우리 영이 활성화되고 강해진다. 이것이 고린도전서가 이야기하는 두 번째 영적 원리다.

3. 이해할 수 없는 상황 속에서 영이 성장한다

특별히 '사람의 지혜'와 '믿음'이 첨예하게 대립될 때는 이해할 수 없는 상황을 만났을 때다. 살다보면 이해할 수 없는 상황을 만날 때가 있다. 도대체 하나님이 왜 이런 일을 허락하시는지 이해할 수가 없다. 내가 뭘 잘못한 것도 아니고, 허튼 실수를 한 것도 아니다. '그런데 왜 이러시지?' 싶은 이해 안 되는 상황을 만난다. 이 상황을 만나게 되면, 우리의 혼과 영이 첨예하게 대립하기 시작한다. 혼이 이야기한다. '이건 뭐지? 하나님이 어떻게 내게 이러실 수가 있지?' 하고 '왜'를 묻기 시작한다. 혼의 기능이다. 혼은 '이해하려고' 애쓴다. 그런데 이해가 안 된다. '하나님, 어떻게 나에게 이러실 수가 있습니까?' 시험에 들고 영적으로 침체된다.

왜 영적으로 침체되는가? 혼(과 육)을 강화시켰기 때문이다! 영은 '믿는 것'이고 혼은 '이해하는 것'이다! 이해하려는 혼의 욕구, '왜'라는 질문에 대한 해답을 찾고자 하는 이 혼의 욕구를 추구할 때, 우리 안에 영이 아니라 혼이 강화되고 있다는 사실을 알아야 한다. 혼(과육)이 강화되면 당연히 영은 침체된다.

반면 혼과 대립되는 영의 반응이 있다. 영은 '왜'를 묻지 않는다. 이해하려 애쓰지도 않는다. 그냥 믿는다. 영은 '믿는 것'이다. 무엇을 믿는가? 하나님의 선하심을 믿는다! 영은 하나님의 선하심을 믿는 것이다. 영은 하나님의 완전하심을 믿는 것이다. 이 믿음이 발휘될 때, 우리 영이 강해지기 시작한다. 믿음은 영의 기능이기 때문이다.

우리의 영이 성장하고 강해지는 '영적 성장'은 대부분 우리가 '이해할 수 없는 상황' 가운데 이루어진다. 모든 것이 다 이해되고, 모든 것이 다 완벽한 상황 속에서는 믿음이 발휘될 여지가 없다. 그냥 이해하면 되는데 무슨 믿음…. 그런데 이해할 수 없는 상황을 만날 때, 혼의 기능으로는 더 이상 이해할 수도 없고 해결할 수도 없는 순간이 이를 때, 여기서 비로소 우리 영이 작동하기 시작한다. 어떻게? 믿음으로! 이해하려고 하는 우리 혼의 작동이 멈추는 그 곳, 거기서 비로소 우리 영이 움직이기 시작하는 것이다. "다 이해할 수 없지만, 하나님은 여전히 선하십니다!" 이 믿음! "다 이해할 수 없지만, 하나님은 여전히 신실하십니다!" 이 믿음! 하나님에 대한 신뢰가 발휘될 때 비로소 영적 성장이 일어난다.

혹시 이해할 수 없는 상황 가운데 갇혀 있는가? 하나님이 왜 이러시는지 도무지 이해할 수 없는가? 그렇다면 다 이해하려 하지 말라. 우리의 영성은, 이해할 수 없는 상황을 믿음으로 통과할 때, 그때 만들어진다. 다 이해되는 상황을 통과할 때는 혼만 커지지 영이 성장하지 않는다. 다 이해할 수 있는데 뭐 굳이 다른 것이 필요하겠는가? 이해하면 그만이다. 그런데 이해할 수 없는 상황을 통과할 때는 어떤가? 혼의 생각으로는 해결되지 않는다. 그때 비로소 우리 안에 영이 움직이기 시작한다. '이해할 수 없는 이 상황 속에서도 나는 하나님의 신실하심을 신뢰할 것인가? 이해할 수 없는 이 절망 속에서도 나는 하나님의 완전하심을 신뢰할 것인가?' 내 안에서 영이 움직이기 시작한다. 언제? 혼의 기능이 멈춘 그 때에! 이해할 수 없는 상황 속에서 혼이 더 이상 해답을 찾을 수 없는 그 때에 비로소 우리 안에 영이 살아 움직이기 시작하는 것이다.

사람에게 언제 영적인 권위가 부어지는지 아는가? 바로 억울한 일을 묵묵히 통과할 때다. 영적인 권위가 부어지는 것에는 원리가 있다. 단순히 성경 지식이 많다고 권위가 부어지지 않는다. 단순히 신학을 공부했다고 영적 권위가 부어지지 않는다. 지식은 교만하게 할 뿐이다. 그러면 언제 영적 권위가 부어지는가? 억울한 일! 이해할 수 없는 일! 이 상황 속에서 묵묵히 하나님을 의지할 때다. 마치 도살장에 끌려가는 양처럼 아무 불평도 없이, 아무 원망도 없이, 그저 묵묵히 하나님의 선하심과 완전하심을 의지하며 억울하고 이해할 수 없는 상황을 통과할 때 위로부터 권위가 임한다. 예수께서도 그렇게 권위를 얻으셨다.

[빌 2:8-10] 사람의 모양으로 나타나사 자기를 낮추시고 죽기까지 복종하셨으니 곧 십자가에 죽으심이라 이러므로 하나님이 그를 지극히 높여 모든 이름 위에 뛰어난 이름을 주사 하늘에 있는 자들과 땅에 있는 자들과 땅 아래에 있는 자들로 모든 무릎을 예수의 이름에 꿇게 하시고

예수께서도 억울한 십자가의 길, 이해할 수 없는 그 길을 묵묵히 통과하셨다. 하나님의 완전하심과 선하심을 믿으며, 도살장에 끌려가는 양처럼 아무 불평 없이, 아무 원망도 없이 그 상황을 통과하셨다. 이러므로 하나님께서 그를 지극히 높여 모든 이름 위에 뛰어난 이름을 주셨다! 이것이 영적 세계의 원리다. 혹시 이해할 수 없는 억울한 상황을 통과하고 있는가? 묵묵히 통과하라. 하나님께서 당신에게 권위를 부여하려 하고 계신 것이다.

당신의 삶은 혼을 강화시키고 있는가, 아니면 영을 강화시키고 있는가? 당신은 영적인 원리를 따라 살고 있는가, 아니면 그저 육의 원리만을 따라 살고 있는가? 영적인 원리를 따라 살

라. 그래야 영적인 삶 - 질서와 평안과 안식과 기쁨이 있는 삶을 살 수 있다. 혹시 용서하지 못한 사람이 있는가? 용서하라. 육체를 따라 나누인 삶을 살지 말라. 하나 됨은 당신에게 축복이다. 혹시 이해할 수 없는 상황 속에 있는가? 그렇다면 다 이해하려 하지 말라. 어차피 인생은 이해할 수 없는 일투성이다. 억울한 상황 속에 있는가? 괜찮다. 불의한 것이 우리의 일상이다. 하나님께서는 이 이해할 수 없고 억울한 일상, '불의한 일상'을 사용하셔서 당신을 더 높은 곳으로 인도하실 것이다.

다 이해하고, 다 해결되는 인생에는 영적인 상급이 없다. 영적인 권위는 억울한 일을 묵묵히 통과할 때, 다 이해할 수 없지만 하나님의 신실하심을 믿고 따를 때, 시험에 들지 않고 한결같이 그 자리, 예배의 자리를 지킬 때, 거기서 부어진다. 억울한 일은 우리를 더 높은 권위로 올라가게 할 것이다. 사울에게 쫓겼던 다윗처럼 하나님은 불의한 일상을 통해 영적 권위를 주신다.

downloads from heaven

모든 것을 이해하고 싶은 유혹이 있지는 않습니까? 하지만 영은 이해하는 것이 아니라 믿는 것입니다. 당신이 믿음을 발휘해야 할 '이해할 수 없는 영역'은 무엇입니까? 오늘 믿음을 발휘해야 할 '억울한 일들'은 무엇입니까?

원리 3

육이 약해야 영적인 삶을 산다

고전 2:1-5

세 번째 원리는 "육이 약해야 영적인 삶을 산다"는 것이다.

[고전 2:1-5] 형제들아 내가 너희에게 나아가 하나님의 증거를 전할 때에 말과 지혜의 아름다운 것으로 아니하였나니 내가 너희 중에서 예수 그리스도와 그가 십자가에 못 박히신 것 외에는 아무것도 알지 아니하기로 작정하였음이라 내가 너희 가운데 거할 때에 약하고 두려워하고 심히 떨었노라 내 말과 내 전도함이 설득력 있는 지혜의 말로 하지 아니하고 다만 성령의 나타나심과 능력으로 하여 너희 믿음이 사람의 지혜에 있지 아니하고 다만 하나님의 능력에 있게 하려 하였노라

육이 약하다는 것은 몸이 허약한 것을 말하는 것이 아니라, '혼' 즉 자아가 약한 것을 말한다. 자아가 강한 사람은 '육'으로 살게 되고, 자아가 약한 사람(자아가 죽은 사람)은 '영'으로 살게 된다. 영적인 삶을 살기 위해서는 '혼과 육', 즉 '자아'가 성령 안에서 부인되고 약해져야 한다.

[눅 9:23] 또 무리에게 이르시되 아무든지 나를 따라오려거든

자기를 부인하고 날마다 제 십자가를 지고 나를 따를 것이니라

1. 하나님만 하실 수 있는 일

겉으로 보기에는 같은 사역인데, 영으로 하는 사역과 혼으로 하는 사역을 어떻게 구분할 수 있을까?

> [고전 2:4] 내 말과 내 전도함이 설득력 있는 지혜의 말로 하지 아니하고 다만 성령의 나타나심과 능력으로 하여

바울은 "설득력 있는 지혜의 말"로 하지 않고 "성령의 나타나심과 능력"으로 사역했다. 성령의 나타나심과 능력은 '혼'에서는 나올 수 없는 것들이다. 바울의 논지는 한마디로 하나님이 아니시면 할 수 없는 일, 혼으로는 절대 할 수 없는 일을 했다는 것이다. 오늘날 교회의 위기는 '사람이 할 수 있는 일'만 한다는 것이다. '하나님만이 하실 수 있는 일'은 시도하지 않는다. 그 결과 교회는 점점 종교가 되어간다.

영적인 것은 '내가 할 수 없는 것'을 하는 것이다. 내가 할 수 있는 이상의 것을 기대하고 시도하는 것이다. 그것이 '믿음'이다. 내가 할 수 있는 것을 하는 것은 믿음이 아니다. 그것은 지혜다. 그러나 내가 할 수 없는 것을 하는 것은 믿음이다. 혼은 지혜를 구하고, 영은 믿음을 행한다.

지혜가 무조건 나쁜 것은 아니다. 지혜롭게 행동하라. 최선을 다하라. 그러나 지혜가 한계에 다다른 곳, 그 곳에서 멈춰서는 안 된다. 더 나아가야 한다. 지혜를 넘어선 곳에 믿음이 있다. 영이 다스리고 있다면, 혼의 지혜 또한 자연스럽게 영적인 믿음으로 확장될 것이다.

2. 자신감 vs 믿음

[고전 2:3,5] 내가 너희 가운데 거할 때에 약하고 두려워하고 심히 떨었노라 너희 믿음이 사람의 지혜에 있지 아니하고 다만 하나님의 능력에 있게 하려 하였노라

고린도에 오기 전 바울은 아덴에 있었다. 아덴의 철학자들과 토론할 때 바울에게는 자신감이 있었다. '그까짓 어쭙잖은 철학? 내가 누군데! 가말리엘의 제자, 당대의 석학 바울이 아니더냐!' 그런데 결과는 처절한 실패였다(행 17장)! 논쟁에서 이겼을지는 모르지만 아무도 예수께 돌아오지 않았다. 이 실패의 경험이 '약하고 두려워하고 심히 떠는' 고린도의 바울을 만들었다. 자신감과 믿음은 다른 것이다. 아주 다른 것이다. 자신감은 '자신에 대한 믿음'이고, 믿음은 '하나님에 대한 신뢰'다. 그렇기에 '자신감'은 혼에 속한 것이고, '믿음'은 영에 속한 것

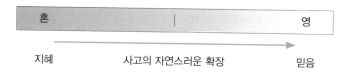

혼		영
지혜	사고의 자연스러운 확장	믿음

이다. 자신감이 클수록 혼이 강한 것이다.

고린도에서 바울은 아덴에서와는 달랐다. 약하고, 두려워 심히 떨었다. 자신감? 1도 없었다. 그러면 무엇을 의지하게 되는가? 하나님! 성령의 나타나심과 능력을 구하게 된다. 그렇다. 자신에 대한 믿음이 무너진 곳에서 하나님에 대한 믿음이 시작된다. 바울의 연약함은 성령님을 의지하게 했다. 자신감 있는 사람은 '자기가 할 수 있는 일', '땅의 일'을 하지, 할 수 없는 일을 시도하지 않는다. 바로 육적인 능력이 탁월한 사람들의 약점이다. 그들은 영적인 것을 구하지 않는다. 아니, 굳이 그런 것이 필요 없다. 당신은 하나님을 얼마나 필요로 하는가? 당신은 성령님이 얼마나 필요한가? 당신은 당신 자신에 대해 자신이 있는가? 아니면 바울처럼 약하고 두려워 심히 떨리는가? 영적인 원리다. 자신에 대해 약하고 두렵고 심히 떨리는 사람은 하나님을 구한다.

당신이 의지하고 자신 있어 하는 것은 무엇입니까? 지식? 건강? 재력? 좋은 성격? 그것을 의지하고 자랑할 때, 성령께서 역사하실 자리는 없습니다. 성령을 의지함으로 새롭게 도전하게 하시는 일은 무엇입니까?

원리 4

영은 갈망이다

고전 2:12

네 번째 영적인 원리는 '영과 갈망'에 대한 것이다.

[고전 2:12] 우리가 세상의 영을 받지 아니하고 오직 하나님으로부터 온 영을 받았으니 이는 우리로 하여금 하나님께서 우리에게 은혜로 주신 것들을 알게 하려 하심이라

이 단원은 영에 대한 가장 중요한 원리들을 담고 있으니 정독하여 읽기 바란다. 앞서 이야기했듯이 인간은 다른 영을 받을 수 있다. 고린도전서 2장 12절은 인간이 세상의 영을 받을 수도 있고, 하나님의 영을 받을 수도 있다고 이야기한다. 성경에는 '하나님의 영' 외에도 다른 많은 영의 이름들이 등장한다.

[롬 8:15] 너희는 다시 무서워하는 종의 영을 받지 아니하고 양자의 영을 받았으므로 우리가 아빠 아버지라고 부르짖느니라

[엡 6:12] 우리의 씨름은 혈과 육을 상대하는 것이 아니요 통치자들과 권세들과 이 어둠의 세상 주관자들과 하늘에 있는 악의 영들을 상대함이라

[요일 4:3] 예수를 시인하지 아니하는 영마다 하나님께 속한 것이 아니니 이것이 곧 적그리스도의 영이니라 오리라 한 말을 너희가 들었거니와 지금 벌써 세상에 있느니라

[요일 4:6] 우리는 하나님께 속하였으니 하나님을 아는 자는 우리의 말을 듣고 하나님께 속하지 아니한 자는 우리의 말을 듣지 아니하나니 진리의 영과 미혹의 영을 이로써 아느니라

[계 16:14] 그들은 귀신의 영이라 이적을 행하여 온 천하 왕들에게 가서 하나님 곧 전능하신 이의 큰 날에 있을 전쟁을 위하여 그들을 모으더라

하나님의 영 외에도 하나님께 속하지 않은 많은 영들이 있다. 그래서 요한일서 4장 1절은 영을 다 믿지 말고 분별하라고 했다. 하나님께 속하지 않은 영들이 있기 때문이다.

[요일 4:1] 사랑하는 자들아 영을 다 믿지 말고 오직 영들이 하나님께 속하였나 분별하라 많은 거짓 선지자가 세상에 나왔음이라

이 단원에서는 '영의 본질'에 대한 성경의 가르침을 좀 더 깊

이 살펴보자.

1. 인간 영의 독특한 특징

앞서 언급했듯이, 인간의 영은 독특한 특징이 있다. 그것은 '다른 영을 받아들일 수 있는 능력'이다. 이는 다른 영적인 존재 - 천사나 귀신들에서는 볼 수 없는 인간만의 특징인데, 아마도 '육체 안에 거하는 영'이라는 인간 존재의 독특함에서 기인하는 것이라 생각된다. 영으로만 존재하는 천사나 마귀는 다른 영을 받아들일 수 없다. 성경에 그런 기록이나 표현이 전혀 없다. 오직 '육체 안에 거하는 영'이라는 독특한 존재 방식을 가진 인간에게만 다른 영이 거할 수 있는 듯하다.[3]

인간은 그의 '의지적 선택'에 의해 하나님의 영인 성령을 받을 수도 있고, 반대로 세상의 영을 받을 수도 있다. '영을 받는다'는 말을 무당이 신내림을 받듯이 귀신 들리는 것만으로 한정 지어 이해하지 말라. 뒤에 살펴보겠지만, 영을 받는다는 것은 그것보다 훨씬 넓은 의미이다. 이는 우리 안 깊은 곳에서부터 영향을 미치는 본질적인 영향력을 포괄하는 용어.

---

3   마태복음 8장에서 돼지 떼에 귀신이 들어가는 것으로 보아, 동물의 육체에도 영이 들어갈 수 있어 보인다. 그러나 돼지는 '영적인 존재'는 아니기에, 이는 돼지의 육체에 귀신의 영이 깃든 것이지, 돼지의 영 속에 또 다른 영이 거한 것은 아니다. 이 점에서 인간과는 다르다.

2. 영이란 무엇인가?

'영'이란 무엇인가? 하나님의 영 외에도 종의 영, 적그리스도의 영, 종교의 영, 음란의 영, 물질의 영, 세상의 영 등 많은 영들이 있는데, 이들 '영'의 정확한 정체는 무엇일까?

영은 갈망을 일으킨다

영의 정의는 이렇다. 영은 "사람의 가장 깊은 곳에 거하며, 사람을 움직이게 하는 근원적인 생명이다." 영의 중요한 속성은 그것이 우리 안에 무언가를 향한 '갈망'을 준다는 것이다. 갈망이 있을 때 사람은 그 갈망을 향해 움직이게 된다. 영이 '사람의 가장 깊은 곳에 거하며 사람을 움직이게 하는 생명'이라 할 때, 그 움직이게 하는 '생명'이 바로 '갈망'이다. 그렇다. 영은 갈망과 깊게 연결되어 있다. 영은 갈망을 일으키는 무엇이다.

갈망은 삶의 의미를 결정한다

영이 일으킨 갈망은 '삶의 의미'를 결정한다. 갈망하는 것을 이루어가는 것이 그 사람에게 있어 '삶의 의미'다. 갈망하는 것이 아무것도 없는 사람은 삶의 의미를 갖지 못하기에, 마치 영혼 없는 인형처럼 넋 나간 인생을, 멍때리며 살 것이다. '영'은 '삶에 의미'를 준다.

삶의 의미는 행복과 만족을 결정한다

또한 '삶의 의미'는 "행복이 무엇이고 만족이 무엇인지를 정의 (define)한다." 갈망하는 것, 삶의 의미를 이루어가는 것이 '행복'이고, 그것이 이루어졌을 때 느끼는 감정이 '만족'이다. 그렇기에 무엇이 행복이고 무엇이 만족인지는 그 사람 안에 있는 '영'이 결정한다. 영이 주는 '갈망'이 무엇인지에 따라 결정되는 것이다. 예를 들어 맘몬(재물)의 영을 생각해보자. 이 영은 '돈'에 대한 갈망을 준다. 그리고 이 갈망은 삶의 의미를 '돈 버는 것'으로 정의하게 만든다. 또 그에게 '행복'은 돈을 버는 것이며, '만족'은 돈을 벌었을 때 느끼는 감정으로 정의된다. 이것이 영이 하는 일이다.

영은 갈망하는 것을 주목하고, 찾고, 추구하게 한다

그래서 영은 그 영이 일으키는 갈망 - 만족을 주고 행복을 주며, 더 깊게는 의미를 주는 그 갈망을 '주목하고, 찾고, 추구하게' 한다. 그래서 영은 '집착'이나 '중독'으로 이어지기도 한다. 그렇기에 영은 육체라고 하는 인간의 하드웨어에 입체적이고 인격적인 옷을 입혀서 살아 있는 인간이 되게 하는 생명이다.

  몇 가지 예를 들어보자. 먼저 음란의 영이다. 이 영은 '성적인 것'에 대한 갈망을 일으킨다. 그래서 그 결과 성적인 것을 찾아 움직이게 하며 성적 만족이 채워지는 것에서 의미를 찾게 한다. 그래야 갈망이 만족되기 때문이다. 이 영은 성적인 것을 '의미와 만족'으로 여겨 그것을 계속 찾고 추구하게 하며, 그 결과 성에 대한 과도한 집착이나 중독에 이르게 한다.

종교의 영은 어떤가? 이 영은 '종교적인 것'에 의미를 두게 한다. 그래서 종교적인 것을 찾고 추구하게 하고, 종교적인 행위를 향해 움직이게 한다. 더 높은 종교적 지위를 얻는 것에서 만족을 느끼고, 그렇지 못하면 좌절하고 분노한다.

물질의 영, 맘몬의 영은? 앞서 이야기했듯이 이 영은 돈과 재물을 향한 갈망을 일으킨다. 그 결과 돈으로 인생의 의미와 만족을 정의하게 하고, 돈을 찾고 추구하고 그것을 향해 움직이게 한다. 권력의 영은? 이 영은 권력을 향한 갈망을 일으키고, 그래서 권력을 잡는 것을 인생의 의미와 만족으로 여기게 한다. 그 결과 권력을 찾고 추구하고 그것을 향해 움직이게 한다.

동성애나 인본주의, 공산주의 같은 것들도 어느 선을 넘어가면 '영'이다. 모든 이데올로기가 다 영에서 오는 것은 아니지만, 이데올로기와 영 사이에는 미묘한 경계가 있다. 어느 선을 넘어서는 순간 무조건적인 추종에 이르게 되는데, 이것은 분명 '영'으로 인해 일어나는 현상이다. 영이 일으키는 내적 갈망은 꼭 합리적인 이유가 있어서 생기는 갈망이 아니라, 그냥 영이 가지는 본질적 속성이다. 영이 우리 안에 들어오는 순간, 설명할 수 없고, 이해할 수도 없지만 '갈망'이 일어난다. 영의 본질적 속성이다.

[　영의 정의(Definition of Spirit)　]

영은　사람의 가장 깊은 곳에 거하며 사람을 움직이게 하는 가장 근원적인 생명이다.

영은　무언가를 향한 갈망이다. 이 갈망이 사람을 움직이게 한다.

영은　각 사람의 삶의 의미가 무엇인지를 정의한다. 영은 갈망인데, 이 갈망은 그 갈망을 이루고자 하는 '삶의 동기'를 부여함으로 인생에 '의미'를 준다. 예를 들어 맘몬의 영은 '돈에 대한 갈망'을 일으키는데, 그 갈망은 돈을 버는 방향으로 사람을 움직이게 할 뿐만 아니라, 돈을 버는 것을 삶의 의미로 정의하게 만든다.

영은　행복과 불행이 무엇인지를 정의한다. 갈망하는 것이 이루어지는 것이 행복이고, 갈망이 채워지는 것이 만족이다.

영은　주목하고, 찾고, 추구하게 한다. 영은 당연히 행복과 만족을 주는 것을 주목하고, 찾고 추구하게 한다.

영은　집착이나 중독으로 이어지기도 한다.

그리고 이런 본질적 속성으로 인해, 인간은 다른 짐승들과는 달리 '의미'를 추구하는 독특한 존재가 된다. 인간 외에 이데올로기를 추구하는 짐승을 본 적이 있는가? 없다. 인간 외에 종교를 추구하는 동물이 있는가? 없다. 인간 외에 영원을 갈망하는 존재가 있는가? 없다. 인간만이 영적인 존재로 지음 받았기 때문이다. 그렇기에 '영'은 인간을 인간 되게 하는 중요하고도 본질적인 요소다. 당신은 육체가 아니라 영이다.

하나님께서는 아담과 하와를 창조하실 때, 하나님의 영을 그 안에 두셨다. 그래서 아담과 하와는 하나님의 영이 일으키는 갈망을 따라, 하나님의 영이 추구하게 하시는 것을 추구하는 삶을 살도록 지음 받았다. 그 갈망은 거룩함과 사랑이다. 친절과 자비다. 절제와 인내다. 기쁨과 평화다. 그런데 불행하게도 죄로 인해 하나님의 영이 떠났다.

[창 6:3] 여호와께서 이르시되 나의 영이 영원히 사람과 함께 하지 아니하리니 이는 그들이 육신이 됨이라 그러나 그들의 날은 백이십 년이 되리라 하시니라

사람이 '육신'이 되었다. 짐승과 다름없는 존재. 영이 거하지 않는 존재가 되었다. 하나님의 영이 떠나자 '의미 없음'에서 오는 공허함과 지루함이 인생을 덮는다. 영이 없으니까 참을 수 없는 공허의 자리에 '다른 영들 - 세상의 영'을 받아들인다. 그리고 그 영이 주는 다른 종류의 갈망과, 그 갈망이 일으키는 다

른 종류의 의미를 따라간다. 하나님이 주신 불과는 또 다른 불이다. 아론의 아들 나답과 아비후가 하나님이 주신 불이 아닌 다른 불을 드리다가 죽었듯이(레 10:1, 2), 하나님을 떠난 인간은 하나님의 영이 주는 갈망이 아닌 다른 갈망을 따른다. 거기서 행복과 만족을 느낀다. 이것이 타락한 인간의 현실이다.

예수께서 행하신 놀라운 구원의 역사는 '하나님의 영'을 인간에게 되돌려주신 것이다! 성령이 오셨다. 새로운 불을 주셨다. 하나님의 영이 주시는 갈망의 불을! 우리는 이 영을 받아야 한다.

3. 세상의 영

그렇다면 어떻게 영을 받을 수 있을까? 하나님의 영도, 세상의 영도, 그것을 받는 열쇠는 당신의 '의지'다. 인간은 의지적 선택에 의해 하나님의 영을 받을 수도 있고, 세상의 영을 받을 수도 있다. '세상의 영'이란 앞서 이야기했던 '하나님께 속하지 않은 모든 영들', 즉 물질, 권력, 음란 등을 통틀어 일컫는 말이다. 이 영들을 세상의 영이라 부르는 이유는, 이 영이 일으키는 갈망들이 모두 세상에 속한 것이기 때문이다. '세상의 영'은 세상에 속한 것들을 향한 갈망을 주고 그 결과, 세상에 속한 것들 - 보이는 것들에 의미를 두고, 결국 세상의 것들을 찾고, 추구하고, 그것을 향해 움직이게 한다. 그것에 집착하게 한다.

4. 영이 혼을 지배하는 방식

인간의 영에는 두 번째 특징이 있는데, 그것은 앞서 3장에서 살펴보았듯이 영이 '혼과 육'을 지배하는 것이다. 하나님의 영이든, 세상의 영이든 이 속성은 같다. 영이 어떻게 혼과 육을 지배하는지 구체적으로 살펴보자. 하나님의 영을 생각해보자. 하나님의 영이 우리 안에 들어오면, 앞서 이야기했듯이, 우리 속 깊은 곳에 '갈망'을 준다. 이 갈망은 하나님을 향한, 영원(본향)을 향한 갈망이다.

> [시 42:1,2] 하나님이여 사슴이 시냇물을 찾기에 갈급함 같이 내 영혼이 주를 찾기에 갈급하니이다 내 영혼이 하나님 곧 살아 계시는 하나님을 갈망하나니 내가 어느 때에 나아가서 하나님의 얼굴을 뵈올까

> [전 3:11] 또 사람들에게는 영원을 사모하는 마음을 주셨느니라

내가 처음 하나님을 만났을 때 내 안에 일어났던 가장 큰 변화도 바로 이 갈망이었다. '하나님' 이야기만 들어도 심장이 뛰고, '하나님의 나라'라는 말만 들어도 눈물이 났다. '맞아! 나는 주를 위해 살아야 해! 생명을 드려도 아깝지 않아!' 마음 깊은 곳에서 이런 고백이 울렸다. 왜 그런지는 모른다. 그냥 그랬다.

설명이 안 된다. 왜냐하면 '영'이니까! 혼에서 일어난 반응이라면 이유가 있고 설명도 되겠지만, 영에서 일어난 반응은 설명이 안 된다. 그런 의미에서 '영'은 마치 수학의 공리(公理)와 비슷하다. 더 이상 '왜'를 물을 수 없는 근원적 이유다.

"설명이 안 된다"라는 말을 기억하라. 영은 영으로만 설명하고 표현할 수 있지, 혼으로는 설명도 표현도 안 된다. 그래서 북한의 공산주의를 보면 참 이해하기 힘들다. '아니, 어떻게 저렇게 말도 안 되는 것이 통하지? 사람들이 모두 바보인가? 김일성 왕조를 3대나 섬기다니? 그것도 우상 섬기듯이!' 정말로 말이 안 되는 것을 본다. 왠지 아는가? 영이니까! 영이기 때문이다. 일단 영에 사로잡히면, 이성으로는 설명이 안 되는 것들을 그냥 믿는다. 좋은 의미든 나쁜 의미든 그렇다. 좋은 의미로는, 성령께 사로잡히면 이성으로 설명이 안 되지만, 그래도 하나님을 믿는다. 반대로 세상의 영에 사로잡히면? 그 말도 안 되는 것, 누가 봐도 황당한 것을 철석같이 믿는다. 믿을 뿐 아니라 헌신한다. 영이기 때문이다.

내 이야기를 좀 더 하자. 성령으로 인해 내 안 깊은 곳에 '하나님을 향한 근본적인 갈망'이 일어났다. 그리고 이 '갈망'이 내 인생의 '의미'가 무엇인지를 결정했다. 그러자 나는 이 갈망이 주는 의미를 찾고, 추구하기 시작했다.

[고전 2:10] 오직 하나님이 성령으로 이것을 우리에게 보이셨으니 성령은 모든 것 곧 하나님의 깊은 것까지도 통달하시느니라

'통달'은 헬라어로 에류나오(ἐρευνάω)인데, 영어로 'search' 즉 "찾다, 조사하다, 추구하다"라는 의미다. 성령께서는 하나님의 깊은 것까지 '찾고 조사하고 살피시는 분'이시다. 그래서 성령이 우리 안에 들어오시면 우리 마음을 움직이시는데, 영이 일으키는 '갈망'과 그로 인해 파생된 '의미'를 '깊은 것까지 통달하게 - 찾고 추구하게' 하신다. 우리 마음의 지정의가 갈망을 향해 '찾고, 조사하고, 추구하게 - 에류나오(ἐρευνάω) 하기' 시작하는 것이다.

내 안에 일어난 '갈망'과 그 갈망이 만든 '의미'는 나의 '지'(지성)를 자극해서 하나님에 대한 지식을 '통달하게 - 추구하게' 했다. 성경과 신앙서적을 미친 듯이 찾아 읽었다. 또한 내 '정'(감정)이 움직여 감동을 받는데, 이 감동은 지성을 더욱 자극하여 더욱 '통달하도록 - 찾도록' 했다. 그러자 마지막으로 '의'(의지)가 움직이기 시작했다. 하나님을 찾는 삶을 선택하게 하고, 순종하는 삶을 살게 했다. 이것이 '하나님의 영'이 우리의 '혼'을 다스리는 방식이다. 찾고 추구하게 하시는 것이다.

'세상의 영' 역시 영이기에 같은 방식으로 역사한다. 세상의 영도 '갈망'을 준다. 돈에 대한 갈망이든, 권력에 대한 갈망이

든, 성에 대한 갈망이든, 게임에 대한 갈망이든, 하여간 갈망을 일으킨다. 권력의 맛은 한번 보면 결코 헤어 나올 수 없다고 한다. 한번 국회의원이 됐던 사람은, 다른 일은 절대 못 한다고 한다. 출마하면 반드시 떨어질 것을 온 지역이 알고, 가족도 다 아는데 본인만 모른다. 꼭 될 것 같다.

왜 그럴까? 영이기 때문이다! 권력의 영이 권력을 향한 갈망을 일으킨 것이다. 그러면 이제 '권력'은 그 인생의 '의미'가 된다. 그리고 이 영은 '지성'을 자극해 그것에 대한 정보를 수집하게 하고, 그것을 이룰 꾀를 낸다. 그리고 '감정'을 자극해 그것을 추구하게 한다. 음란의 영의 경우에 주로 '감정'을 자극한다. 그리고 그 결과 '의지'를 움직여 음란한 것들을 선택하게 한다. 이것이 영이 혼을 지배하는 방식이다. 결국 나중에는 그것에 집착 내지는 중독되어 절대로 거기서 벗어날 수 없게 된다. 지정의가 모두 영에게 속박되고 지배당한 상태가 된 것이다.

게임도 마찬가지다. 처음에는 재미로 시작한다. 그런데 어느 선을 넘어가게 되면 '영'이 들어온다. 세상의 영이다. 그러면 게임을 '에류나오(ἐρευνάω) 하게' 된다. 게임에 대한 정보를 찾아보고, 조사한다. 감정이 응답한다. '너무 재밌어! 더 찾아봐!' 몰두하게 된다. 의지가 게임하는 것을 선택한다. 결국 혼과 육이 완전히 지배당하게 된다.

한국에서 대학원을 다니며 유학을 준비하던 때, 나도 게임에 몰두한 적이 있었다. '삼국지'라는 게임이었는데, 처음에는 재미로 한두 번 하던 것이 그만 매료되어버렸다! 어찌나 재미있던지, 하고 또 했다. 결국 먹지도 자지도 않고 게임에만 몰두했다. 물론 학교도 가지 않고, 몇 개월을 하루종일 15, 16시간씩 게임만 했다. 명백한 중독이었다. '이래도 되나? 여기까지만 하고 그만둬야지!' 하루에도 수십 번 다짐했지만 게임에서 손을 뗄 수 없었다.

　하루는 밤새 게임을 하고 다음 날 오전까지 게임을 하는데 뭔가 느낌이 이상했다. '오늘 뭔가 있는 날인 것 같은데, 뭐였지? 에이 몰라!' 점심때가 돼서야 잠시 게임을 멈추고 달력을 확인했다. 아뿔싸! GRE(미국 대학원 진학을 위한 시험) 보는 날이었다! 한국으로 치면 대학원 입학 시험 날을 놓쳐버린 것이다. 에류나오(ἐρευνάω)! 왕꼼꼼인 나에게는 상상도 할 수 없는 일이 벌어진 것이다. 결국 유학은 이런저런 이유로 인해 자연스럽게 1년이 미뤄졌다. 다행히 6개월간 군사 훈련을 받으며 게임 중독에서 벗어날 수 있었지만, 충격적인 경험이었다. 그렇다. 이것은 영이다. 영은 '혼과 육'을 지배한다.

5. 영은 주목하여 보게 한다

영이 '혼과 육'을 지배하는 것에 대하여 고린도전서 2장 12절은 이렇게 이야기한다.

> [고전 2:12] 우리가 세상의 영을 받지 아니하고 오직 하나님으로부터 온 영을 받았으니 이는 우리로 하여금 하나님께서 우리에게 은혜로 주신 것들을 알게 하려 하심이라

여기서 '알게 하다'의 원어 '에이돈'(εἶδον)은 "보다, 주목하다, 알아차리다"라는 의미다. 영을 받으면, 에이돈(εἶδον), 즉 "주목하여 보게 된다"는 것이다. 영은 주목하여 보게 한다. 성령을 받으면 하나님과 하나님이 은혜로 주신 것들을 주목하여 보게 되고, 세상의 영을 받으면 세상의 것을 주목하여 보게 되고, 게임의 영(?)을 받으면 게임을 주목하여 보게 된다. '영'은 '보는 것'과 깊게 연결되어 있다.

당신은 무엇을 주목하여 보는가? 당신은 무엇에 관심을 가지는가? 그것에 과도하게 집착하거나, 그것이 없으면 불안하거나, 벗어나고 싶어도 벗어날 수 없다면, 그것이 당신 안에 역사하는 영일 수 있다. 어떤 영이 우리 안에 들어오는 것도 비슷한 방식을 따른다. 세상의 영이든, 하나님의 영이든, 영이 어떻게 우리 안에 들어올까? '보는 것'을 통해 들어온다. 어떻게

'게임의 영'에 사로잡히게 되는가? 게임을 봄으로! 어떻게 '음란의 영'에 사로잡히는가? 음란물을 봄으로! 이것이 영이 우리 안에 들어오는 방식이다.

영은 마치 '물'과 같다고 했다. 우리 안에 어떤 갈망이나 관심으로 우리가 '무언가'를 본다. 그러면 그때 그 '무언가'와 관련된 영이 훅하고 내 안에 있는 갈망과 합쳐지면서 들어온다. 물방울 두 개가 가까워지다가 하나로 합쳐지듯이 말이다. 아무런 관심도 갈망도 없는데 영이 들어오지는 않는다. 아니 들어올 수 없다. 성령을 받는 것도 마찬가지다. 내 안에 하나님을 향한 갈망과 호기심이 있어서, 하나님을 주목하여 본다. 그때 성령께서 내 안에 훅하고 들어오시는 것이지, 아무 관심도 갈망도 없는데 성령께서 우리 안에 강제로 임하시지는 않는다.

우리 안의 영도 동일한 방식으로 강화된다. 영이 강화된다는 것은 영이 '혼과 육'을 더욱 강하게 지배하게 되는 것을 말한다. 어떻게 우리 안의 영이 강화되는지 아는가? 봄으로! 계속 보고 또 보면 그 영은 더욱 강화된다. '하나님께서 은혜로 주신 것'을 계속 보면 성령께서 강해지시고, '세상의 영이 주는 것'을 계속 보면 세상의 영이 더욱 강해진다. 음란물을 계속 보면 음란의 영이 강해지고, 게임을 계속 보면 게임의 영이 강해진다. 혼과 육이 더욱 영에게 속박된다. 좋은 의미든 나쁜 의미든 말이다.

그렇기에 영적인 싸움은 결국 '보는 것'의 싸움이다. 보는 것을 가볍게 여기지 말라. 예수께서 이렇게 말씀하셨다.

[눅 11:34,35] 네 몸의 등불은 눈이라 네 눈이 성하면 온 몸이 밝을 것이요 만일 나쁘면 네 몸도 어두우리라 그러므로 네 속에 있는 빛이 어둡지 아니한가 보라

'빛'은 진리, 즉 '진리이신 하나님의 영'을 의미한다. "네 속에 있는 빛이 어둡지 아니한가 보라"는 것은 "영적으로 멍하지 않은지 보라"는 것이다. 언제 영적으로 멍해지는가? 네 눈! 그렇다. 네 눈이 성하면 영적으로 깨어 강할 것이고, 네 눈이 나쁘면 네 영도 멍할 것이다. 영이 무엇에 의해 결정되는가? 보는 것! 영적인 싸움은 결국 보는 것의 싸움이다![4]

6. 어떻게 영적 전쟁에서 승리하는가?

영적 전쟁에서 승리하기 원한다면, 마귀에게 틈을 주지 말라. 사소한 틈만 있어도 영은 물방울처럼 비집고 들어와 우리 마음에 역사한다. 에베소서는 악한 영을 상대하기 위해 "하나님

---

4 '보는 것'에 대해 더 깊이 알아보고 싶은 사람에게는 밥 소르기(Bob Sorge) 목사님의 《눈의 언약》(살롬서원, 2018), 'A Covenant with My Eyes'를 추천한다.

의 전신갑주를 취하라"고 권면한다. 머리끝부터 발끝까지 완벽한 보호구를 착용하라는 것이다.

> [엡 6:12,13] 우리의 씨름은 혈과 육을 상대하는 것이 아니요 통치자들과 권세들과 이 어둠의 세상 주관자들과 하늘에 있는 악의 영들을 상대함이라 그러므로 하나님의 전신 갑주를 취하라 이는 악한 날에 너희가 능히 대적하고 모든 일을 행한 후에 서기 위함이라

14절에 '진리의 허리띠'와 '의의 호심경'은 '도덕적 완전함'을 의미한다. 도덕적으로 작은 틈이라도 주지 말라는 것이다. '이 정도야⋯'라는 작은 틈이 우리의 방어선을 무너뜨린다. 특히 '보는 것'에 있어 틈이 없게 하라.

또한 영적 전쟁에 승리하기 원한다면 성령님을 의지하라. 단순한 방어만으로는 전쟁에서 이길 수 없다. 예수께서 말씀하셨다.

> [눅 11:20-22] 그러나 내가 만일 하나님의 손을 힘입어 귀신을 쫓아낸다면 하나님의 나라가 이미 너희에게 임하였느니라 강한 자가 무장을 하고 자기 집을 지킬 때에는 그 소유가 안전하되 더 강한 자가 와서 그를 굴복시킬 때에는 그가 믿던 무장을

빼앗고 그의 재물을 나누느니라

'세상의 영'은 강한 자다. 우리의 혈과 육으로는 대적할 수 없다. 그러나 '더 강한 자'가 계신다. 우리 왕 예수 그리스도시다. 성령 하나님! 이분이 더 강한 자이시다. 이분께 구하라. "더 강한 분이 오셔서 내가 대적할 수 없고 어찌할 수 없는 '강한 자 - 악한 영들'을 굴복시켜주십시오! 쫓아내주십시오! 내 안에 하나님의 나라가 임하게 하여주십시오!" 구하라. 마치 강한 햇빛이 비춰면, 손전등 같은 작은 빛은 사그라들 듯이 더 강한 자가 오셔서 더 강한 갈망을 주실 때, 덜 강한 자가 주는 갈망은 사라진다. 우리 안에 가장 강한 갈망, 영원을 향한 갈망을 일으키시는 분, 성령께서 오실 때, 세상의 영이 주는 모든 갈망들은 사그라져 갈 것이다. 이것이 승리다.

downloads from heaven

당신의 눈은 오늘 무엇을 주목하여 보고 있습니까? 당신의 영은 그 '보는 것'을 따라갈 것입니다. 당신이 가장 원하고 갈망하는 것은 무엇입니까? 그 갈망이 당신 안에 역사하는 영입니다. 속박이나 중독에 사로잡힌 영역은 없습니까? 당신 스스로는 그것을 이길 수 없습니다. 성령님께 도움을 구하십시오. '더 강한 자'만이 우리를 자유케 하실 수 있습니다.

원리 5

도덕과 윤리의 기준은 영에 속했다

고전 2:15

다섯 번째 원리는 "도덕과 윤리의 궁극적인 기준은 영에 속했다"는 것이다.

[고전 2:15] 신령한 자는 모든 것을 판단하나 자기는 아무에게도 판단을 받지 아니하느니라

네 번째 원리에서 살펴보았듯이, 행복과 만족은 영에 의해 결정된다. 영이 우리 안에 갈망을 일으킴으로 '가치 있는 것이 무엇인지'를 결정하기 때문이다. 그렇기에 '가치'는 영에 속한 것이다. 가치뿐 아니라 '도덕'의 궁극적인 기준 역시 영에 있다.

무엇이 선한 것이고 무엇이 악한 것인가? 무엇이 해야 할 일이고 무엇이 하지 말아야 할 일인가? 이 판단의 기준, 도덕과 윤리의 기준은 혼과 육에 속한 것이 아니다. 이 세상에 도덕적 절대 기준이란 없다. 과거에 도덕적으로 지탄받던 혼전 성관계나 동성애 같은 것이 지금은 어떤가. 미래에는 또 어떤 것이 선이고 어떤 것이 악이 될까? 시간뿐 아니라 문화에 따라서도 선과 악의 기준은 제각각이다. 왜일까? 보이는 세상 - 혼과 육의 세상에는 선과 악, 도덕과 윤리의 상대적인 기준만 있을 뿐,

절대 기준이 존재하지 않기 때문이다. 이 기준들은 '다른 세계'에 속했다.

잘 생각해보라. 사람 죽이는 것을 악하다고 한다. 이 악하다는 판단의 기준은 어디서 온 것인가? 다른 생명을 죽이는 것이 다 악한 것이라면, 사자가 사슴을 잡아먹는 것도 악한 것인가? 일반적으로 이것을 악하다고 하지는 않는다. 무신론자든 기독교인이든 사자가 사슴을 잡아먹는 것은 그냥 자연의 일부로 받아들인다. 그런데 왜 꼭 '사람에게만'은 다른 기준을 적용하여 살인은 악하다고 할까? 그것은 성경이 그렇게 이야기했기 때문이다.

[출 20:13] 살인하지 말라

살인이 악하다는 판단의 기준은, 짧지만 권위 있는 이 한 문장에서 온다. "살인하지 말라"는 성경의 한 문장 말이다. 그리고 성경은 이 땅에 속한 것이 아니라 영에 속한 것이다. 그렇다. 살인이 악하다는 판단의 기준은 '영'에서 온 것이다! '혼과 육'으로만 생각하면 살인과 사자가 사슴을 잡아먹는 것의 차이를 발견할 수 없다. 살인이 꼭 악하다고 할 이유가 없다.

살인뿐 아니라 다른 도덕과 가치의 기준 역시 '영'에 있다. 결혼한 사람이 다른 이성을 만나는 것이 왜 악할까? 불륜이 악한 이유가 이 세상 - 혼과 육에 있다면, 결혼의 관습에 얽매이지 않는 동물들은 어떤가? 개나 고양이가 이혼 소송을 하거나 불륜이라고 욕하는 것을 본 적이 있는가? 그냥 '동물들은 원래 그래. 그게 자연이야'라고 받아들인다. 그런데 왜 사람에게는 다른 기준을 적용할까? 바람을 피운다고 지구가 멸망하거나 병에 걸리는 것은 아니지 않은가? 이 세상에 있는 것들로만 따지고 생각해보면, 이것이 악하다고 할 근거가 없다. 그렇다면 불륜이 악한 이유는 이 세상에 속한 것이 아니라 '다른 세상 - 보이지 않는 세상'에 속한 것이기 때문이리라. 그래서 영적인 존재인 인간에게만 육적인 존재인 동물들과 다른 기준이 적용된다. 왜 불륜이 악한 것이냐고? '영에 속한 진리'인 성경이 그렇게 이야기했기 때문이다.

[출 20:14] 간음하지 말라

영은 인간에게 마땅히 살아갈 길 - 도덕과 윤리를 제공함으로, 인간의 삶을 의미 있고 질서 있게 한다. 하지만 보이는 세계 속에서만 살아가는 육의 사람은 임시적이고 상대적인 도덕과 질서만 있을 뿐 절대적인 선악의 기준이 없다.[5] 귀하고 천한 가치의 기준도 없다. 그리고 기준이 없기에 결국은 짐승과 다를 바 없게 된다.

[벧후 2:10,12] 특별히 육체를 따라 더러운 정욕 가운데서 행하며 주관하는 이를 멸시하는 자들에게는 형벌할 줄 아시느니라 이들은 당돌하고 자긍하며 떨지 않고 영광 있는 자들을 비방하거니와 … 이 사람들은 본래 잡혀 죽기 위하여 난 이성 없는 짐승 같아서 그 알지 못하는 것을 비방하고 그들의 멸망 가운데서 멸망을 당하며

영의 기준을 따르지 않고 육체의 기준, 보이는 세상의 기준을 따르는 자들을 '이성 없는 짐승'이라고 묘사한 것은 정확한 표현이다. 영의 기준을 따르지 않는다면, 사람은 짐승과 다를 바 없다. 사자가 사슴을 잡아먹듯이 약한 자를 잡아먹어도 악한 것이 아니며, 자신의 배우자가 아닌 다른 이성과 불륜을 저지르는 것도 악하다 할 수 없다. 당연히 동성애도 악하다 할 근거가 없다. 왜냐하면 이런 모든 도덕의 궁극적 기준들이 '영'에 속한 것이기 때문이다. 영에 속한 존재인 '인간'에게만 적용되는 기준이기 때문이다. 그렇기에 영에 속하지 않은 사람들은 점점 짐승을 닮아가게 된다. 약육강식, 문란한 성생활, 동성애

---

5 인간이 만든 질서와 윤리가 모두 무의미하다는 의미는 아니지만, 그 질서와 윤리들은 상대적이며 임시적이다. 말 못하는 짐승들도 나름대로 질서를 만들어낼 수 있다. 그러나 변하지 않고 영원한 절대적인 선악의 기준은 하나님의 말씀에만 있다. 그것은 보이지 않는 세계에 속한 것이다.

에 이르기까지 짐승들을 흉내 내고 좇아간다. 영이 없기 때문이다!

당신의 삶의 절대기준은 무엇입니까? 하나님의 말씀이 기준이 되고 있습니까? 하나님의 말씀이 당신의 삶을 지배하고 있습니까? 오늘 당신의 삶에 대해 성령께서 무엇이라 말씀하고 계십니까?

원리 6

시기와 분쟁은 육에 속한 것이다

고전 3:1-3

여섯 번째 원리는 "시기와 분쟁은 육에 속했다"는 것이다.

[고전 3:1-3] 형제들아 내가 신령한 자들을 대함과 같이 너희에게 말할 수 없어서 육신에 속한 자 곧 그리스도 안에서 어린 아이들을 대함과 같이 하노라 내가 너희를 젖으로 먹이고 밥으로 아니하였노니 이는 너희가 감당하지 못하였음이거니와 지금도 못하리라 너희는 아직도 육신에 속한 자로다 너희 가운데 시기와 분쟁이 있으니 어찌 육신에 속하여 사람을 따라 행함이 아니리요

첫 번째 원리에서 살펴보았듯이 영 - 하나님의 영은 하나 되게 하고, 육은 나누어 분열되게 한다. (하나님의) 영에는 너와 나의 구분이 없다. 하나님의 영이 내 안에 들어와 내 영과 하나가 되시고, 예수 안에 있는 모든 형제자매의 영이 예수 안에서 하나가 된다. 영에는 너와 나의 구분이 없다. 왜냐하면 하나님의 영의 근본을 이루는 속성은 '사랑'이기 때문이다. 영은 '십자가적'이다. 영은 희생한다. 그래서 영은 시기하지 않고, 영에는 분쟁이 없다.

그러나 육은 다르다. 육은 자기중심적이고, 육은 시기하며, 육은 경쟁한다. 육에는 너와 나의 구분이 명확하기 때문이다. 내가 밥을 먹으면 내 육이 배부르지, 저 사람의 육이 배부르지 않다. 육은 구분이 명확하다. 육은 나누어지게 한다. 그래서 육에는 '시기와 분쟁'이 있다. 그러나 영은 나누어지지 않기 때문에 많은 경우 옳고 그름보다는 '사랑과 연합'을 선택한다.

반면 육은 사랑과 연합보다는 '옳고 그름'에 더 관심이 많다. 더 정확히 말하면 옳고 그름이 아니라, '내' 몫, '내' 이익에 관심이 많다. 영적인 사람, 성령이 충만한 사람은 내가 옳은지, 네가 옳은지에 집착하지 않는다. 오히려 서로 하나 되고 사랑하는 것에 더 집중한다. 그러나 육적인 사람은 '옳고 그름', 실은 '내 몫의 많고 적음'에 집착한다. 그 결과 시기와 분쟁이 일어난다.

당신에게는 무엇이 중요한가? 옳고 그름인가, 아니면 하나가 되는 것인가? 나는 하나님의 나라에 치명적인 일만 아니라면 옳고 그름을 별로 따지고 싶지 않다. 사람이 옳아봐야 얼마나 옳고, 틀려봐야 얼마나 틀리겠는가? 하나님의 나라에, 복음에 치명적인 것만 아니라면, 옳고 그름보다는 사랑하고 하나 되는 것이 영의 원리다. 성숙한 공동체 안에는 시기하거나 분쟁하는 일이 없는 반면, 미성숙한 공동체 안에는 시기와 분쟁이 난무한다. 육의 원리에 따라 움직이기 때문이다.

오늘 내가 하나로 연합해야 할 사람은 누구입니까? '내 몫'을 챙기고자 하는 육체의 생각이 누군가와 갈등을 일으키지는 않았습니까? '내가 옳다'고 믿는 육체의 고집이 공동체에 분열을 가져오지는 않았습니까? 영은 하나 되게 합니다. 육체의 생각을 내려놓으시기 바랍니다.

원리 7

영은 자신을 낮추고 하나님을 높인다

고전 3:5-7

일곱 번째 원리는 "영은 자신을 낮추고 하나님을 높인다"는 것이다.

> [고전 3:5-7] 그런즉 아볼로는 무엇이며 바울은 무엇이냐 그들은 주께서 각각 주신 대로 너희로 하여금 믿게 한 사역자들이니라 나는 심었고 아볼로는 물을 주었으되 오직 하나님께서 자라나게 하셨나니 그런즉 심는 이나 물 주는 이는 아무것도 아니로되 오직 자라게 하시는 이는 하나님뿐이니라

그러나 육은 자신을 높인다. 육은 자랑하고 싶어 한다. 높아지고 싶어 한다. 자기 자랑하는 사람은 육적인 사람이다. 기승전 자기 자랑인 사람은 육적인 사람이다. 자식 자랑하는 사람 - 육적인 사람이다. 은근슬쩍 자기의 공로나 업적을 흘리는 사람 - 육적인 사람이다. 학벌 자랑하는 사람 - 당연히 육적인 사람이다. 돈 자랑하는 사람 - 말할 것도 없이 육적인 사람이다. 뿐만 아니라 '영성' 또는 '영적 권위'를 자랑하는 사람 - 육적인 사람이다. "내가 그래도 이런 사람인데 말이야! 사람들이 나를 몰라보고!", "내가 선교산데", "내가 목산데", "내가 장론데" 다

육적인 사람이다.

영적인 사람은 자기를 드러내지 않는다. 영적인 사람은 사람의 인정과 칭찬을 구하지 않는다. 영적인 사람은 '하나님만' 높인다. 하나님이 높아지시면 기뻐하고, 하나님이 드러나시면 즐거워한다. 진심으로 그렇다. 그것이 영의 속성이기 때문이다. 자기가 드러나거나 자기가 높아지면 불편해하고 그 자리를 피한다. 자기가 높아지는 것에는 관심 자체가 없다. 그러나 육적인 사람은 그렇지 않다. 자기의 공로를 사람들이 알아주지 않거나 자신이 한 일이 무시당하면 억울해하고 분노한다. 하나님이 무시당하거나 하나님이 하신 일을 사람들이 모르고 지나가는 것에 대해서는 별로 분노하지 않으면서 말이다. 육의 특징이다.

영적인 사람은 다르다. 자신이 한 일을 사람들이 인정하지 않거나 모르고 지나가는 것에 대해서는 아무 생각이 없다. 관심이 없다. 하지만 하나님이 무시당하는 것에 대해서는 분노한다. 영적인 사람은 분노하지 않는다고 생각하지 말라. 예수께서도 진노하셨고, 하나님도 분노하신다. 무엇에 분노하느냐가 다를 뿐이다. 육적인 사람은 '자신'이 높여지지 않는 것에 대해 분노하고, 영적인 사람은 '하나님'이 높여지지 않는 것에 대해 분노한다.

당신은 무엇을 자랑하는가? 육체를 자랑하는가, 아니면 십자가를 자랑하는가?

당신을 분노하게 하는 것은 무엇입니까? 하나님이 무시당하시는 것입니까, 아니면 당신 자신이 무시당하는 것입니까? 당신의 기쁨은 무엇입니까? 예수가 높임을 받으시는 것입니까, 아니면 당신 자신이 높임을 받는 것입니까?

원리 8

우리 몸은 하나님의 영이 거하시는 성전이다

고전 3 : 16, 17

인간의 몸은 하나님의 영이 거하시는 성전이다. 거듭 이야기 하지만, 인간의 육체는 독특해서 다른 영이 거할 수 있다. 하나님께서는 인간의 육체를 '하나님의 영이 거하시는 거룩하고 특별한 장소'로 창조하셨다.

[고전 3:16,17] 너희는 너희가 하나님의 성전인 것과 하나님의 성령이 너희 안에 계시는 것을 알지 못하느냐 누구든지 하나님의 성전을 더럽히면 하나님이 그 사람을 멸하시리라 하나님의 성전은 거룩하니 너희도 그러하니라

하나님의 성전에 요구되는 것이 있는데, 그것이 바로 '거룩'이다. 성경을 찾아보면 '하나님의 성전'과 가장 많이 붙어 다니는 단어가 바로 '거룩'이다. 하나님은 죄가 있는 곳에는 거하실 수 없기 때문이다. 그래서 하나님의 성전인 우리 몸은 거룩해야 한다. 17절은 우리가 하나님의 성전(우리 몸)을 멸하면(더럽히면), 하나님께서 우리를 멸하신다고 말한다. 그렇기에 '혼과 육'을 어떻게 관리하느냐가 영적으로 중요하다.

'영적 성장' 또는 '영적 훈련'은 '영'을 훈련하거나 성장시키

는 것이 아니다. 영적 성장도, 영적 훈련도 모두 우리 몸, 특히 '혼'을 훈련하는 것이다. 왜냐하면 '영'은 그 속성상 개발되는 것도, 발전하는 것도 아니기 때문이다. 하나님의 영은 처음부터 완전하며 처음부터 영원하다. 하나님의 영이신데, 더 발전하거나 더 개발되거나 할 수는 없다. 그래서 성령을 받는 바로 그 순간 우리는 영적으로 '완전'해진다. 점진적으로 완전해지는 것이 아니다. 우리의 영은 순간적으로, 성령께서 들어오시는 그 순간 완전해진다. 더 이상 발전할 수도, 개발될 수도 없다.

그렇다면 '영적 성장'이란 무엇이며 '성화'란 무엇인가? 이것은 '혼과 육'이 변하는 것이다. 어떻게? 영의 속성으로! 영의 권위 아래 순종하는 것으로! 하나님의 영이 거하시기에 합당한 성전으로! 그렇게 지어져 가고 변화되어져 가는 것이 영적 성숙이다. 성전을 관리하는 것이다.

두 종류의 시공간

혼과 영은 다르다. 혼으로는 영의 일을 할 수 없다. 3부에서 다루겠지만, 두 세계는 독립되어 있다. 보이는 세계에 시공간이 있다면, 보이지 않는 세계에도 시공간이 있다. 성경에 기록된 헬라어에는 '시간'을 의미하는 두 단어가 있는데, 그것은 '크로노스'(χρόνος)와 '카이로스'(καιρός)다. 보이는 세계의 시공간이 크로노스의 시공간이라면, 보이지 않는 세계의 시공간은 카이로스의 시공간이다.

크로노스의 시간이 '그저 흘러가는' 자연의 시간이라면, 카이로스의 시간은 '하나님이 주관하시는 영적인 시간'이다. 카이로스는 하나님이 의도하신 시간 - 바로 그 때다. 하나님의 계획이 성취되어 가는 시간이며, 하나님의 영이 역사하시는 '영의 시간'이다. 창세기에 보면 하나님이 아브람에게 말씀하신다.

[창 13:14-17] 롯이 아브람을 떠난 후에 여호와께서 아브람에게 이르시되 너는 눈을 들어 너 있는 곳에서 동서남북을 바라보라 보이는 땅을 내가 너와 네 자손에게 주리니 영원히 이르리라 내가 네 자손으로 땅의 티끌 같게 하리니 사람이 땅의 티끌을 능히 셀 수 있을진대 네 자손도 세리라 너는 일어나 그 땅을 종과 횡으로 행하여 보라 내가 그것을 네게 주리라

하나님께서 아브람(아브라함)에게 "눈을 들어 동서남북을 보라"고 하신다. 그리고 "그 땅을 종과 횡으로 행하여(밟아) 보라"고 하신다. 그 '보고 밟은 것'을 모두 주시겠다는 것이다. 아브라함이 전에 이 땅을 본 적이 있었을까, 없었을까? 당연히 있다. 매일 살아가고 있던 땅이다! 아브라함이 전에 이 땅을 밟아본 적이 있었을까, 없었을까? 당연히 있다. 그가 사는 곳이

다! 그런데 왜 이전에 보고 밟았을 때는 아무런 일이 일어나지 않고, 창세기 13장의 이 장면에서는 보고 밟은 것이 다 아브라함의 땅이 되는 역사가 일어났을까? 이것이 바로 '크로노스'의 시간과 '카이로스'의 시간의 차이다.

카이로스 시간과 영적인 순간

크로노스의 시간에서 일어나는 일들 - 매일 먹고, 마시고, 자고, 일하는, 이 육과 혼의 일들은 '영'의 일들과는 분리된 시공에서 일어난다. 아브라함도 매일 그가 사는 시공간을 보고 밟았다. 그러나 그것은 그저 크로노스의 시공간에서 일어나는 일이었을 뿐, 카이로스의 시간은 아니었다. 그런데 어느 날, 창세기 13장의 '그 어느 날', 하나님의 말씀이 아브라함에게 임했다. 하나님의 말씀, 영적인 시공간 속에 있던 그 말씀이 아브라함이 살아가는 시공간 속으로 침투해 들어온 것이다. 카이로스의 시공간이 크로노스의 시공간 속으로 들어온 것이다. 이것이 영적인 순간이다.[6]

우리 인생은 이런 순간들로 채워져야 한다. 그저 바쁘게 열심히 살아가는 것이 최선이 아니다. 매 순간이 영적인 순간이

---

6 먹고 마시고 일하는 것이 모두 무의미하다는 것은 아니다. 이것은 이원론의 오류다. 오히려 먹고 마시고 일하는 것에 '참 의미'를 부여하라는 것이다.

되는 것이 중요하다. 그것은 '하늘이 임하는 순간'이다. 일상에 묻혀 땅의 시간 - 크로노스의 시간으로 흘러가게 하지 말라. 우리의 시간은 '카이로스의 시간'이 되어야 한다. 하늘의 시간이 내 시간 속으로 침투해 들어와야 한다. 그럴 때 영적인 역사가 일어난다. 그럴 때 내가 본 것, 내가 밟은 것이 하나님의 나라가 되는 영적인 역사가 일어난다. 그저 열심히 바쁘게 산다고 해서 영적인 역사가 일어나지 않는다. 그것은 그저 크로노스의 시간일 뿐이다. 크로노스의 시공간과 카이로스의 시공간에 대해서는 다음 장에서 좀 더 자세히 다루겠다.

어찌되었든 하늘의 터치가 일어나는 시간이 되게 하라. 영적인 모멘트(moment)가 되게 하라. 어떻게? 성령이 임하심으로! 말씀이 임하심으로! 성령께서 임하시고 하나님의 말씀이 임할 때 하늘의 시간, 카이로스의 시간이 우리 일상의 시간으로 침투해 들어온다. 이것이 예배다. 이 카이로스 시간의 터치가 우리의 삶을 영적인 순간으로 만든다. 이 역사를 기대하고 살아가는 당신이 되길 기도한다. 이제 카이로스의 시공간과 크로노스의 시공간에 대한 이야기를 시작해보자. 이 책의 진짜 주제를 말이다!

당신의 '오늘'은 어떤 시간이었습니까? 그냥 흘러가는 '크로노스의 시간'이었습니까? 하나님의 역사가 이루어지는 '카이로스의 시간'이었습니까? 매일, 매 순간 '영적인 시간'이 되기를 원하지 않으십니까?

PART 3

두 종류의 시공간

TWO KINDS OF SPACE-TIME

3부에서 다루려고 하는 영적 원리들은 두 세계 – 보이지 않는 세계와 보이는 세계, '카이로스의 시공간'과 '크로노스의 시공간'에 대한 것이다. 인간은 두 세계에 '낀 존재'이기에 당연히 두 개의 시공간, 하늘과 땅, 보이지 않는 세계와 보이는 세계, 영적 세계와 자연 세계, 카이로스의 시공간과 크로노스의 시공간을 함께 살아간다. 보이지 않는 영적 세계는 보이는 자연 세계만큼이나 실제적이며 '실재'하는 세계다. 카이로스의 시공간 속으로 들어가보자. 하나님의 보좌와 그분의 능력이 있는 세계 속으로!

원리 9

카이로스의 시공간과 크로노스의 시공간

고후 4:18

하나님은 두 세계를 창조하셨다. 첫째는 보이는 세계 - 우리가 살아가는 물리적 시공간, 즉 자연 세계이고, 둘째는 보이지 않지만 존재하는 세계, 하나님이 계시고 천사들과 악한 영들이 거하는 영적인 시공간이다. 영적인 세계는 물리적 세계만큼이나 실재하는 세계이며, 실재하는 시공간이다.

- 물리적 시공간 = 보이는 세계 = 땅 = 크로노스 시공간
- 영적인 시공간 = 보이지 않는 세계 = 하늘 = 카이로스 시공간

1. 카이로스와 크로노스

(1) 시공간의 본질

성경은 두 종류의 시간을 이야기하는데, 첫째는 크로노스이고, 둘째는 카이로스다. 크로노스란 흔히 말하는 물리적 시간이다. 우리가 살아가는 물리적인 시공간을 흐르는 시간이다. 반면 카이로스는 하나님이 주관하시는 '영적인' 시간이다. 카이로스는 '하나님이 의도하신 시간 - 바로 그 때'를 의미한다.

하나님의 계획이 성취되어 가는 시간이자 하나님의 영이 역사하는 '영의 시간'이다.

이런 의미에서 우리가 살아가는 물리적 시공간을 '크로노스의 시공간'이라고 한다면, 영적인 시공간은 '카이로스의 시공간'이라 부를 수 있다. 영적인 시공간에서는 시간이 순서대로 흐르지도, 일정하게 흐르지도 않는다. 어떤 시간은 천년이 하루 같고 하루가 천년 같다.

[벧후 3:8] 사랑하는 자들아 주께는 하루가 천년 같고 천년이 하루 같다는 이 한 가지를 잊지 말라

영적인 중요도에 따라 시간이 재배치된다. 어떤 시간은 크로노스로는 하루이지만, 카이로스로는 천년처럼 길게 확대된다. 시간이 확대된다는 의미는 그 시간 속에 그만큼 많은 사건이 일어날 수 있다는 뜻이다. 딱 하루인데, 천년이 걸려야 일어날 법한 일들이 일어난다. 천년은 걸릴 것 같은 역사의 임팩트(impact)가 하루 만에 이루어질 수 있고, 심지어 찰나의 순간에도 천년의 변화가 일어난다. 예를 들어 예수 그리스도의 십자가의 '순간'은 '수천 년' 인류 역사의 방향과 의미를 결정했다.

돌이켜보면 내 인생의 방향을 결정해온 크고 중요한 영적 사건들도 꼭 시간의 많고 적음에 비례하여 일어나지 않았다.

한순간의 역사가 인생의 큰 줄기를 결정하곤 했다. 예수 그리스도를 처음 만났던 순간, 성령을 받았던 순간, 하나님의 임재 속에 부르심을 확인한 순간. 이런 시간들은 내 삶의 다른 모든 시간들을 합친 것보다 더 큰 임팩트를 주었다. 이것이 카이로스다. 카이로스의 시공간에 들어갈 때, 거기서는 크로노스 시간의 길고 짧음이 더 이상 중요하지 않다. 농축된 카이로스의 시간이 천년의 임팩트를 만들어내기 때문이다.

카이로스 시공간 속에서 중국 가정교회 리더들을 만나다

나와 동역하는 브레이크쓰루(Break Through network) 목사들은 오랫동안 한중일(韓中日)의 연합을 위해 기도해왔다. 선교의 마지막 과업을 이루기 위해서는 먼저 동아시아의 세 나라가 하나 되어야 한다는 생각에, 중국과 일본에 관련된 일이라면 발 벗고 뛰어다녔다. 십여 년을 열심히 뛰어다녔지만, 열매는 그리 많지 않았다. 언어도 통하지 않는 타민족과 함께한다는 것이 녹록치 않았기 때문이다.

　그러던 중 2014년에, 중국 베이징에서 가정교회 지도자들을 훈련시켜달라는 요청이 왔다. 함께 초청받은 윤성철 목사님과 함께 베이징 공항에 내렸다. 그런데 이상하다. 아무리 기다려도 마중나오는 사람이 없었다. 통역을 통해 전화를 했다. 그런데 세상에, 며칠 전에 공안이 가정교회 모임에 들이닥쳐 모임이 산산이 흩어져버렸단다. 베이징에서의 모임이 불가능하다는 것이다!

"그러면 어떻게 하면 좋겠습니까?"

초청하신 중국 목사님이 대답했다.

"저희가 있는 곳으로 오십시오. 이곳에서 모임을 할 수 있습니다."

나는 속으로 생각했다.

'응? 무슨 모임을 한다는 거지? 베이징에 있는 가정교회 지도자들을 훈련하기 위해 온 건데, 갑자기 다른 도시로 와서 집회를 하라고?'

헷갈렸지만 다른 선택이 없었다. 새로 개통되었다는 초고속 열차를 타고 3시간을 달려 중국 내륙에 있는 정저우(鄭州)에 도착하니 이미 해가 저물었다. 한 청년이 기다리고 있었다. 그곳에서 다시 차를 타고 6시간을 가야 한단다. 중간에 차가 고장 난 덕에 다음 날 아침, 해가 훤히 뜰 때쯤 한 시골 마을에 도착했다.

'도대체 여기는 어디지?' 어딘지도 모를 시골의 한 집에 들어가니 넓은 창고에 백 명이 넘는 사람들이 모여 있었다. 내 생애 가장 황당하고 이상한 집회가 시작되었다. 어딘지도, 누군지도 모르는 사람들을 상대로 말씀을 전하기 시작한 것이다. 무슨 말씀을 어떻게 전해야 하는지 감을 잡을 수 없었다.

'에이, 모르겠다. 성령께서 주시는 대로 하자!'

말씀을 전하고 있는데, 맨 뒤에 앉아 계신 연로한 목사님 한 분이 눈에 들어왔다. 낯이 익다. '어디서 뵀었지?' 생각해보니 책에서 사진으로 뵌 분 같았다. '에이, 그 전설 같은 분이 여기 왜 있겠어? 말도 안 돼. 그 분은 사진으로나 뵐 수 있는, 중국 가정교회 전체의 가장 큰 어른이신데…. 아닐 거야. 여기 계실 리가 없지.'

설교가 끝나고 나니 우리를 초청하신 중국 목사님이 다른 목사님들을 소개해주셨다.

"이분은 중국 가정교회의 큰 어른이신 장룡량 목사님이십니다."

오 주여! 정말 그 분이었다! 6천만에서 많게는 1억 명에 이른다는 중국 가정교회 전체를 대표하는 큰 어르신이다! '이게 도대체 어떻게 된 일이지? 나는 도대체 어디에 있는 거지?'

초청하신 분께 조용히 물었다.

"왜 장룡량 목사님이 여기 계십니까?"

초청하신 목사님이 웃으며 대답했다.

"여기가 그 분 집입니다. 모르셨습니까? 팡청[7]에 잘 오셨습니다."

---

7 중국 허난성의 한 작은 도시로, 7,80년대 큰 부흥을 통해 현 중국 가정교회 여러 네트워크들이 탄생한 곳이며, 가정교회의 성지 중 하나다.

'뭐라고? 여기가 팡청이고, 이 집이 장 목사님 댁이라고?' 그렇다. 우리는 천사(?)에게 이끌려 중국 가정교회의 성지인 가장 큰 어른 댁에 이른 것이었다.

"그럼 여기 모여 계신 분들은 누구십니까?"

"예. 여기 계신 분들은 중국의 여러 지역들을 책임지고 계신 지역의 수장들이십니다. 큰 지역은 한 분이 수십만 명의 성도들을 돌보고 계십니다."

'나는 도대체 어디서 무엇을 하고 있는 거지?'

두 번째 집회가 시작되었는데, 생각하지도 못한 일이 벌어졌다. 성령께서 역사하시기 시작한 것이다! 내 평생에 그런 설교를 한 것은 처음이었다. 말씀을 전하는 동안 눈에서는 눈물이 마르지 않는데, 신기하게도 입에서는 카랑카랑한 목소리로 중국 교회의 데스티니가 선포되고 있었다! 앉아 있던 중국 목사님들이 손수건을 꺼내기 시작했다. 한 분, 두 분 울기 시작하더니 통곡이 되어버렸다! 장룽량 목사님도 손수건으로 흐르는 눈물을 닦기 바쁘셨다. 카이로스의 시공간이 열린 것이다! 강사도 울고 청중도 울고 통곡의 바다가 되어버렸다! 그날 오후 우리는 카이로스의 시공간 속에 있었다.

집회가 끝나자 장룽량 목사님이 조용히 우리를 부르셨다.

"우리를 도와주십시오. 중국 교회가 세계 선교를 감당하기 위해서는 앞서 선교했던 분들의 도움이 필요합니다. 우리가 선교할 수 있도록 우리를 훈련시켜주십시오!"

한중일 선교를 위해 애썼던 지난 10년의 임팩트보다 이날 하루의 임팩트가 비교할 수 없이 크고 강력했다. 크로노스의 10년이 카이로스에서는 하루였다. 그 후 중국의 내부 사정으로 선교 훈련이 길게 이어지지는 못했지만, 적어도 가정교회 리더들의 마음에 선교의 불이 일어난 것은 확실했다. 지금도 선교지에서 중국 가정교회에서 파송된 중국인 선교사들을 만나면 우리를 반갑게 맞아주며 환영한다. 주의 집에서의 하루가 다른 곳에서의 천 날보다 나음이여! 카이로스 시공간 속에서 크로노스 시간의 길고 짧음은 의미가 없다.

(2) 힘(능력)

- 물리적 시공간 – 중력이 만들어내는 장(場, field)
- 영적인 시공간 – 하나님의 힘(능력)이 만들어내는 장(場, field)

둘째, 카이로스의 시공간 속에는 하나님의 힘, 하나님의 능력이 역사한다. 우리가 살고 있는 물리적 시공간의 근원은 '만유인력'이다. 뉴턴이 발견했고, 아인슈타인이 새롭게 규정했던 시공간의 본질은 만유인력에 있다. 현대 물리학의 발견에 의하면, 크로노스의 시공간은 만유인력, 즉 중력이 만들어내는 장, 즉 중력장(重力場)이다. 좀 단순화해서 이야기하면, 만유인력이라는 중력의 힘이 우리가 살아가는 시간과 공간을 만들어낸다. 우리가 살아가는 시간과 공간이 선재(先在)하고 그 안에 '힘'이라는 물리적 양이 존재한다는 뉴턴의 고전 물리학 가설은 아인슈타인에 이르러 깨진다. 실은 '힘', 중력이라는 힘이 더 본질적이며 그 힘이 만들어내는 부산물(?)이 '시간과 공간'이다. 마치 전자기력이라는 힘이 전자기장을 만들어내듯이, 시간과 공간은 중력이 만들어내는 중력장이다. 그렇기에 크로노스 시공간의 근원은 힘이다.[8] (물리에 대한 알레르기가 있는 분이라도 너무 염려하지 말라. 이 부분을 이해할 수 없어도, 영적인 원리를 이해하는 데는 아무런 문제가 없다!)

마찬가지로 카이로스 시공간의 근원 역시 '힘 - 하나님의 능력'이다. 카이로스의 시공간은 '하나님의 능력이 펼쳐지는 장(場)'이다. 물론 크로노스 시공간 역시 하나님이 창조하셨고 그분의 능력으로 지어졌다. 그러나 크로노스의 시공간은 하나님의 모든 능력이 제한 없이 펼쳐지는 시공간은 아니다. 그곳에서 하나님은 자신의 능력을 물리적 법칙 속에 제한하셨다.

그러나 카이로스의 시공간은 다르다. 그곳에는 불가능을 모

---

8 물리학에 대해 궁금한 분들은 카를로 로벨리의 《보이는 세상은 실재가 아니다》(쌤앤파커스, 2018)와 《시간은 흐르지 않는다》(쌤앤파커스, 2019)를 참조하라. 상대성이론과 양자역학에 대해 일반인을 대상으로 기술한 책이다. 참고로 쉽지는 않다.

르는 하나님의 능력이 편만하다. 하나님의 의지적 능력이 제한 없이 펼쳐진다. 요한복음 11장에서 예수께서 죽은 나사로를 살리신다. 크로노스의 시공간에서는 일어날 수 없는 일이다. 크로노스의 시공간에서 죽음이란 되돌릴 수 없는 현상이기 때문이다. 그러나 카이로스의 시공간에는 이런 제약이 없다. 하나님의 능력, 불가능을 모르는 무소불위의 능력이 제약 없이 펼쳐진다. 크로노스 시공간의 본질이 중력이 만들어내는 중력장이라면, 카이로스 시공간의 본질은 '하나님의 능력'이 만들어내는 능력장(能力場)이다.

(3) 네가 믿으면

예수께서 말씀하신다.

> [요 11:40] 예수께서 이르시되 내 말이 네가 믿으면 하나님의 영광을 보리라 하지 아니하였느냐 하시니

"네가 믿으면" 그러면 "하나님의 영광을 보리라" 하신다. 그런데 왜 믿으라고 하실까? 믿음은 카이로스의 시공간을 크로노스의 시공간으로 가져오는 열쇠이기 때문이다. 믿음이 있을 때, 카이로스의 시공간에 있는 하나님의 영광이 크로노스의 시공간 안으로 침투해 들어온다. [그림 1]을 보라.

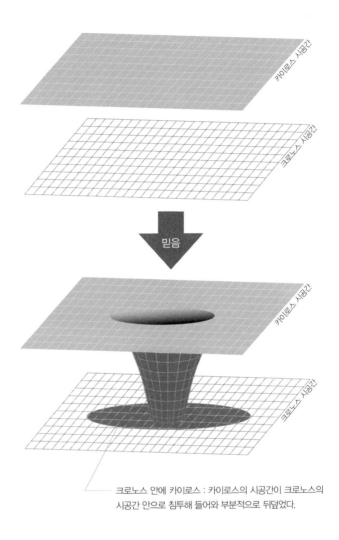

카이로스 시공간

크로노스 시공간

믿음

카이로스 시공간

크로노스 시공간

크로노스 안에 카이로스 : 카이로스의 시공간이 크로노스의
시공간 안으로 침투해 들어와 부분적으로 뒤덮었다.

[그림 1] When heaven touches earth

우리가 살아가는 일상의 시공간, 크로노스의 시공간으로 카이로스의 시공간이 들어와 펼쳐질 때, 카이로스의 시공간이 부분적으로나마 크로노스의 시공간을 뒤덮는다. 그리고 그 덮인 시공간 위에서는 하나님의 능력이 크로노스 시공간의 법칙을 뛰어넘어 펼쳐진다. 죽은 나사로가 죽음을 이기고 살아난다! 어디서? 크로노스의 시공간을 뚫고 들어온 카이로스의 시공간 속에서! 언제? 믿음으로 카이로스 시공간의 문을 열 때! 이때 우리는 하나님의 영광을 보게 된다! 하늘이 땅에 침투해 들어온 것이다. Heaven touches earth! 이것이 '하나님 역사'의 본질이다.

2007년 가을, 크리스마스를 앞두고 트리를 만들었다. 성도 한 분이 나무를 잘라 오셨다. 내 키보다 더 큰 나무였다. 나무가 넘어지지 않게 뿌리를 잘라내고 밑동에 콘크리트를 부었다. 하얀색 페인트를 예쁘게 칠하고, 크리스마스 장식을 달아 교회 밖에 세워 두었다. 그리고 크리스마스가 지난 이듬해 4월까지 치우지 않고 그곳에 두었다. 그런데 이상한 일이 벌어졌다. 하루는 집배원 아저씨가 교회에 우편물을 배달하러 오셨다가 사무실로 들어오셨다.

"거참, 신기하네요."

"뭐가요?"

"요 앞 트리에 꽃이 피었어요."

"예? 거기 어떻게 꽃이 피어요? 그 나무는 작년 10월부터 밑동에 콘크리트 치고, 전체를 페인트로 칠해서 수분이라고는 전혀 빨아들일 수 없는데요. 그거 죽은 나무에요."

"그러게나 말이에요. 나도 작년 가을부터 그 나무가 거기 있는 거 봤지요. 그런데 진짜 꽃이 피었어요. 못 믿겠으면 나가서 보세요."

사역자들과 함께 우르르 밖으로 나가보니, 아! 정말 나무에 꽃이 피었다! 그것도 한두 송이가 아니라, 나무 가득 가지마다 꽃이 활짝 피었다. 며칠 뒤 주일에는 이 나무를 본 동네 세탁소 아저씨가 예배에 나오셨다.

"저기에 꽃 핀 거 보니까, 정말 하나님이 계신 것 같아요. 예배 한 번 드려보려고요."

일하는 시간 외에 항상 술에 취해 계시던 분이 자기 발로 예배에 찾아오신 것이다. 그렇다. 분명 그 나무가 있던 곳은 벧엘이었다. 하늘의 문! 나무 주위를 카이로스의 시공간이 덮었으니까! 그 해부터 하나님께서 우리 교회에 초자연적인 역사들을 가르치기 시작하셨다. 레바논의 작은 마을에 카이로스의 시공간이 열렸을 때 장님이 눈을 떴고, 아프가니스탄의 시골집에 펼쳐졌을 때는 귀머거리의 귀가 열렸다. 이 카이로스의 시공간이 당신이 서 있는 곳에 열린다면 무슨 일이 일어날까?

2. 카이로스의 시공간에 속한 것들

카이로스의 시공간에 속한 것과 크로노스의 시공간에 속한 것들은 서로 다르다. 예를 들어 우리의 육체가 크로노스의 시공간에 속했다면, 우리의 영은 카이로스의 시공간에 속했다. 우리가 보는 산과 바다가 크로노스의 시공간에 속했다면, 천사와 마귀는 카이로스의 시공간에 속했다. 이렇듯, 각각의 시공간은 포함하고 있는 것들이 다르다.

(1) 하나님의 능력

그렇다면 카이로스의 시공간에는 어떤 것들이 속해 있을까? 앞서 살펴보았듯이 카이로스의 시공간에는 첫째, '하나님의 능력'이 있다. 사실 하나님의 능력 자체가 카이로스의 시공간을 만들어내는 주체다. 하나님의 능력이 펼쳐지는 곳, 그곳까지를 카이로스의 시공간이라 부른다. 그곳에는 하나님의 무소불위한 능력이 있다. 물론 크로노스의 시공간에도 하나님의 능력이 나타난다. 꽃의 아름다움 속에, 우주의 장엄함 속에 하나님의 능력이 나타난다. 그러나 그 능력은 물리학의 법칙마저 뛰어넘는 무소불위의 능력은 아니다. 오히려 물리학의 법칙 속에 제한하여 두신 제한적인 하나님의 능력이다. 반면 카이로스의 시공간은 다르다. 그곳은 능치 못함이 없으신 하나님의 능력, 모든 물리학의 법칙을 뛰어넘는 무소불위의 능력이 나타나는 시공간이다.

(2) 의미

둘째, 카이로스의 시공간에는 '의미'가 있다. 의미는 갈망에서 오고, 갈망은 영의 작용이다. 그렇기에 '영에 속한 갈망'이 만들어내는 '의미' 역시 크로노스가 아닌 카이로스의 시공간에 속한 것이다. 크로노스의 시공간 속에서 지구가 태양을 돈다. 열심히 돈다. 거기에 무슨 의미가 있을까? 아무런 의미가 없다. 그저 물리학의 법칙이 그러니까 돌 뿐이다. 태양과 지구 사이의 만유인력과 태양을 벗어나려는 지구의 원심력이 평형을 이루는 것뿐이다. 또 봄이 되면 꽃이 피고 겨울에는 꽃이 진다. 이것은 무슨 의미일까? 아무런 의미도 없다. 그저 지구가 태양을 돌 때 생기는 사계절로 인해 꽃이 피고 지는 것이다. 거기 무슨 의미가 있겠는가. 사람의 인생은 어떤가? 크로노스의 시공간 속에서 사람이 태어나고 살다가 죽는다. 이것은 무슨 의미일까? 아무 의미도 없다. 전도서에서 솔로몬이 하는 고백이 아닌가!

> [전 1:2,3] 전도자가 이르되 헛되고 헛되며 헛되고 헛되니 모든 것이 헛되도다 해 아래에서 수고하는 모든 수고가 사람에게 무엇이 유익한가

아무리 의미를 찾으려 해도 찾지 못하겠다는 것이다. 왜냐하면 의미는 크로노스의 시공간에 속한 것이 아니기 때문이다. '의미'는 카이로스의 시공간에 속한 것이다.

(3) 기쁨과 행복

의미 있는 것을 이루었을 때 느끼는 '기쁨과 행복' 역시 카이로스의 시공간에 속한 것이다. 기쁨과 행복이 '의미'에서 파생되기 때문이다. 성경은 기쁨(희락)을 성령의 열매라고 하지 않는가! 기쁨은 영에 속한, 카이로스의 시공간에 속한 것이다.

(4) 거룩(도덕과 윤리)

앞서 살펴보았듯이 도덕과 윤리 - 거룩함 역시 카이로스의 시공간에 속한 것이다. 크로노스의 시공간 속에서 사자가 사슴을 잡아먹는 것은 죄가 아니다. 타락한 자연의 자연스러운 모습일 뿐이다. 마찬가지로 인간을 오직 크로노스의 시공간 속에서만 살아가는 존재로 제한한다면, 사람이 사람을 죽이는 것 역시 악하다고 할 근거가 없다. 사람이 사람을 죽이는 것이 악한 이유는, 사람이 크로노스의 시공간뿐 아니라 카이로스의 시공간에도 속한 존재이기 때문이다. 그리고 카이로스의 시공간에는 도덕과 윤리 - 거룩함이 존재한다. 하나님의 의지가 있는 시공간이기에 그렇다. 또한 사람이 사람을 죽이지 않는 것이 '하나님의 의지'다.

> [출 20:13] 살인하지 말라

(5) 사랑을 비롯한 성령의 열매들

뿐만 아니라 사랑, 화평, 자비, 충성 등 갈라디아서에서 언급한 성령의 열매들 역시 카이로스의 시공간에 속한 것들이다.

> [갈 5:22,23] 오직 성령의 열매는 사랑과 희락과 화평과 오래참음과 자비와 양선과 충성과 온유와 절제니 이 같은 것을 금지할 법이 없느니라

이 같은 것을 '금지할 법'이 없다. 크로노스의 법으로는 이것들을 막을 수 없다. 이것들은 크로노스의 시공간이 아니라 무소불위한 하나님의 능력이 펼쳐지는 카이로스의 시공간에 속한 것이기 때문이다.

3. 크로노스의 시공간

그렇다면 크로노스의 시공간은 어떤가? 크로노스는 그냥 흘러가는 시간이다. 크로노스의 시공간 속에 존재하는 것은 그저 생존 - 무미건조한 생존일 뿐이다. 차가운 우주 속에서 규칙적

으로 움직이는 별들을 보라. 사랑하는 사람의 죽음을 슬퍼하지도, 황홀한 사랑의 열정을 기뻐하지도 않는다. 무슨 일이 벌어져도 '상관없이' 차갑게 기계적으로 정해진 운동을 계속할 뿐이다. 또한 사람을 제외한 동물들을 보라. 생존 이상의 것을 하지 않는다. 그저 생존할 뿐이다. 크로노스의 시공간 속에서만 살아가기 때문이다. 그래서 성경은 이것을 '허무한 것'이라고 칭한다.

[롬 8:19,20] 피조물이 고대하는 바는 하나님의 아들들이 나타나는 것이니 피조물이 허무한 데 굴복하는 것은 자기 뜻이 아니요 오직 굴복하게 하시는 이로 말미암음이라

허무한 크로노스의 시공간을 사는 피조물들은 하나님의 아들들이 나타나기를 고대한다. 왜냐하면 하나님의 아들들이 나타날 때에만 '생존을 위한 허무한 존재'에 '의미와 기쁨, 만족과 열정, 사랑과 능력'이 부여되기 때문이다. 하나님의 아들들을 통하여 껍데기일 뿐인 크로노스의 시공간 속에 '의미를 부여하는' 카이로스의 시공간이 펼쳐진다! 누구를 통해서? 하나님의 아들들을 통해서! 그래서 모든 피조물, 심지어 집에서 키우는 반려견까지도, 하나님의 아들들을 기다린다. 카이로스의 시공간을 열어 그들의 존재에 의미를 부여할 사람을 말이다. 당신

이 바로 그 존재다.

downloads from heaven

천년이 하루 같은 카이로스의 임팩트를 경험해보신 적이 있습니까? 초월적인 하나님의 능력을 경험한 적이 있습니까? 당신을 향한 하나님의 계획이 이루어지는 것은 '카이로스의 시공간'이 당신이 선 '크로노스의 시공간' 안으로 흘러들어올 때입니다. 믿음으로 하늘을 여십시오. 하늘에 있는 것들을 취하십시오. 당신의 것이 될 것입니다.

원리 10

인간 – 위대한 게이트

창 28:10-12

크로노스의 시공간만으로는 인간을 담아낼 수 없다. 카이로스의 시공간이 크로노스의 시공간 안으로 겹쳐 들어와야 한다. 의미도, 기쁨도, 도덕도 없는 기계적인 움직임과, 무의미한 생존만이 존재하는 크로노스의 시공간을 카이로스의 시공간이 터치할 때, 그때 비로소 생명과 의미, 기쁨과 능력이 부여된다.

그렇다면 어떻게 이 터치가 일어날까? 창세기를 보면 카이로스의 시공간이 크로노스의 시공간 안으로 들어오는 '문'이 있다는 사실을 발견할 수 있다.

[창 28:10-12] 야곱이 브엘세바에서 떠나 하란으로 향하여 가더니 한 곳에 이르러는 해가 진지라 거기서 유숙하려고 그 곳의 한 돌을 가져다가 베개로 삼고 거기 누워 자더니 꿈에 본즉 사닥다리가 땅 위에 서 있는데 그 꼭대기가 하늘에 닿았고 또 본즉 하나님의 사자들이 그 위에서 오르락내리락하고

이 말씀을 우리의 용어로 풀어 설명하면, 카이로스의 시공간과 크로노스의 시공간이 연결된 것이다. 카이로스의 시공간에 속한 존재들인 하나님의 사자들이 사닥다리를 타고 땅 위

로, 크로노스의 세계로 오르락내리락한 것이다. 카이로스의 시공간이 침투해 들어오는 것을 본 야곱이 이렇게 고백한다.

[창 28:16-19] 야곱이 잠이 깨어 이르되 여호와께서 과연 여기 계시거늘 내가 알지 못하였도다 이에 두려워하여 이르되 두렵도다 이 곳이여 이것은 다름 아닌 하나님의 집이요 이는 하늘의 문이로다 하고 야곱이 아침에 일찍이 일어나 베개로 삼았던 돌을 가져다가 기둥으로 세우고 그 위에 기름을 붓고 그 곳 이름을 벧엘이라 하였더라 이 성의 옛 이름은 루스더라

그는 이곳이 바로 하나님의 집이고 하늘의 문이라고 고백한다. '하나님의 집'은 하나님이 계신 곳, 즉 카이로스의 시공간이다. 그리고 여기가 바로 '하늘의 문', 즉 카이로스의 시공간이 우리가 사는 크로노스의 시공간 속으로 흘러들어오는 게이트(gate)라는 것이다. 그래서 창세기 35장에 가면 야곱이 이곳에 하나님을 예배하는 제단을 쌓는다. 이곳이 크로노스와 카이로스의 시공간이 '만나는 곳' - 하늘의 문이며, 헤븐리 터치(heavenly touch)가 일어나는 곳이라 생각했기 때문이다. 이 생각이 발전해서 다윗과 솔로몬 때에는 성전을 세운다. 성전은 하나님이 임재하시는 곳, 즉 카이로스의 시공간이 크로노스의 시공간 안으로 들어오는 '하늘의 문'이라는 것이 구약시대

사람들의 생각이었다. 그런데 엄밀히 이야기하면 이것은 틀린 생각이다. 특정한 장소나 특정한 건축물이 하늘의 문이 될 수는 없기 때문이다.

[행 7:47,48] 솔로몬이 그를 위하여 집을 지었느니라 그러나 지극히 높으신 이는 손으로 지은 곳에 계시지 아니하시나니

사람의 손으로 만든 건축물이나 특정 장소가 게이트가 아니라는 것이다. 심지어 솔로몬의 성전이라 할지라도 그렇다. 그렇다면 '하늘의 게이트'는 무엇일까?

[고전 3:16] 너희는 너희가 하나님의 성전인 것과 하나님의 성령이 너희 안에 계시는 것을 알지 못하느냐

그렇다, 사람! 하나님의 아들들(롬 8:19), 당신이 하나님의 성전이다. 하나님의 성령이 거하시는 전(殿)이다. 카이로스의 시공간이 크로노스의 시공간으로 들어오는 '하늘의 문'은 구약에서 '성전'이라 불린 특정 장소나 구조물이 아니라 바로 '사람'이다!

생각해보면 당연하다. 인간은 육체뿐 아니라 영을 가진 존재로 창조되었다. 인간은 두 세계에 낀 유일한 존재다. 그렇기

에 인간 외에 카이로스와 크로노스의 시공간을 연결할 수 있는 존재는 없다. 접촉점 없이 평행을 그리는 카이로스의 시공간이, 크로노스의 시공간을 터치하며 흘러들어올 수 있는데, 그것은 언제나 그 통로가 되는 존재, 인간을 통해서다! 바로 당신이 카이로스의 시공간을 이 땅으로 가져오는 하늘의 문이다!(그림 2 참조)

4. 하늘의 문을 여는 열쇠들

그렇다면 이 하늘의 문은 어떻게 작동할까? 카이로스의 시공간은 언제 어떻게 크로노스의 시공간으로 들어올까? 이 문은 비인격적인 특정 장소나 구조물이 아닌 '사람'이기에 인격적인 특징을 가진다. 다시 말하면 카이로스의 시공간이 크로노스의 시공간 안으로 들어오는 것은 '인격적인 반응'에 달렸다.

(1) 갈망하는 기도

하늘의 문을 여는 첫 번째 열쇠는 '갈망하는 기도'다.

> [행 2:1-4] 오순절 날이 이미 이르매 그들이 다같이 한 곳에 모였더니 홀연히 하늘로부터 급하고 강한 바람 같은 소리가 있어 그들이 앉은 온 집에 가득하며 마치 불의 혀처럼 갈라지는 것들이 그들에게 보여 각 사람 위에 하나씩 임하여 있더니 그들

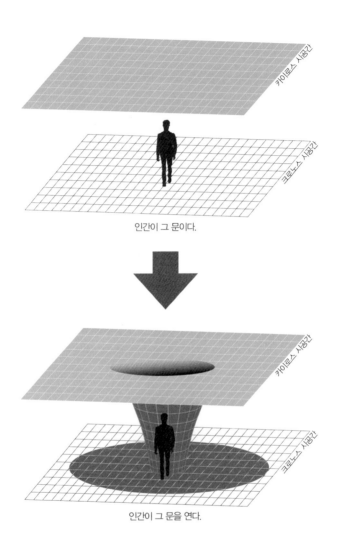

인간이 그 문이다.

인간이 그 문을 연다.

[그림 2] 두 세계를 연결하는 문

이 다 성령의 충만함을 받고 성령이 말하게 하심을 따라 다른 언어들로 말하기를 시작하니라

오순절 날 성령강림 사건은 카이로스의 시공간이 크로노스의 시공간 안으로 들어온 대표적인 사건이다. 하늘의 침투가 얼마나 강력했던지, 그것이 시각화되고 청각화되어 보여지고 들려졌다. 그런데 이 '문'이 언제 열렸는가? 기도할 때! 백이십 명의 성도들이 함께 모여 예수의 명령대로 간절히 기도할 때 하늘의 문이 열렸다.

카이로스의 시공간은, 성도들이 간절한 갈망을 가지고 기도할 때 열린다. 그렇지 않고 이 땅의 것에 만족하고 있을 때, 카이로스의 시공간과 크로노스의 시공간은 평행선을 그릴 뿐 만나지 않는다. 그러나 주의 백성이 하나님의 나라, 주가 계신 카이로스의 시공간에 대한 갈망을 가질 때, 하나님의 의지와 능력이 이 땅에 펼쳐지기를 갈망할 때, 그곳에 '하늘의 문'이 열린다. 그래서 금식이나 간절한 합심기도는 갈망의 열쇠를 증폭시키기도 한다.

(2) 거룩함

둘째, 하늘의 문을 여는 열쇠는 '거룩함'이다.

[고전 3:17] 누구든지 하나님의 성전을 더럽히면 하나님이 그 사람을 멸하시리라 하나님의 성전은 거룩하니 너희도 그러하니라

성전 된 우리의 몸, 하늘이 임하는 통로인 우리의 삶을 깨끗하고 거룩하게 유지해야 한다. 여기서 '거룩함'은 율법적 거룩이 아니라 인격적 거룩을 뜻한다. '인격적' 거룩이란 하나님과의 인격적 관계에서 오는 거룩함으로 '순종'에 가까운 의미다. 하나님이 무언가를 말씀하실 때, 그 말씀에 순종함으로 거룩함을 지키는 것이다. 하늘이 열리는 하나님의 역사는 항상 '하나님의 말씀이 임하는 것'으로부터 시작된다. 성령께서 아무 말씀도 하지 않으시는데 우리가 열심히 '율법적' 거룩을 실행한다고 하늘이 열리지는 않는다. 하늘이 열리는 첫 스텝은 하나님의 말씀이 임하는 것이다. 구약 시대에 선지자에게 예언이 임할 때 그곳에 하나님의 역사가 있었다. 오늘날도 하나님의 말씀이 임하고 그 말씀에 순종할 때 하늘의 문이 열린다.

(3) 믿음

세 번째 열쇠는 '믿음'이다. 믿음은 하늘을 여는 강력한 열쇠다. 아무리 갈망이 있고 거룩함이 있어도, 믿음이 없이는 하늘 문이 열리지 않는다. 믿음은 하늘을 이 땅에 끌어오는 통로다.

믿음에 대한 이야기는 다음 장에서 자세히 다루겠다.

5. 카이로스의 시공간이 임한 결과

카이로스의 시공간이 크로노스의 시공간으로 들어올 때 어떤 일이 벌어질까? 결론부터 이야기하면, 카이로스의 시공간의 영적인 임팩트가 크로노스의 시공간 속에 가해진다. 앞서 언급했던 카이로스의 시공간에 존재하는 능력과 의미와 기쁨과 사랑, 이 모든 것들이 하나님의 의지를 따라 크로노스의 시공간 속으로 흘러들어온다. 카이로스의 시공간은 '하나님의 의지'가 지배하고 펼쳐지는 공간이며, 그곳에는 하나님의 능력과 축복이 있다. 이 하나님의 의지와 능력과 축복이 '문'이 되는 사람 또는 공동체에 임하게 되고, 그것이 점차 주위로 확장되어 간다. 영적인 임팩트, 영적인 영향력이 흘러가는 것이다. 성경은 이 이야기로 가득 차 있다.

- 여호수아는 태양이 멈추는 것을 보았다.
- 이사야는 하나님의 보좌를 마주했다.
- 에스겔은 이 세상에 속하지 않은 놀라운 환상을 보았다.
- 다니엘의 친구들은 풀무불 속에서 보호하심을 받았다. 그곳에는 세 친구뿐 아니라 또 다른 한 사람, 크로노스의 시공간에 속하지 않은, 다른 시공간에서 흘러온 존재가 함께 계셨다.

- 바울은 다메섹 도상에서 부활하신 예수 그리스도를 만났다.
- 스데반은 열린 하늘과 하나님의 보좌를 보았다.
- 솔로몬이 성전을 봉헌할 때 구름 같은 하나님의 영광이 그곳에 가득했다.
- 엘리야는 갈멜산의 하늘에서 불이 떨어지는 것을 경험했다. 이 구름과 불이 어디서 왔겠는가? 크로노스의 시공간 안에는 없는 불이지 않은가? 다른 시공간 - 카이로스의 시공간에서 흘러들어온 불과 구름이었다!
- 모세는 홍해를 갈랐고 시내산에서 하나님의 율법을 받았다.
- 베드로는 옥에서 천사의 방문을 받았고, 바울과 실라 역시 옥에 갇혔을 때 큰 지진이 나며 옥문이 열렸다.
- 아브라함은 하나님의 방문하심으로 언약을 받았다.
- 예수께서 이 땅에 거하실 때에 물이 포도주가 되고 죽은 나사로가 살아났다.
- 예수 그리스도의 십자가, 그것은 가장 강력한 하늘의 문이었다. 하늘의 구원과 축복이 크로노스의 시공간에, 이 땅에 임했다!

이것이 카이로스의 시공간이 임한 결과다! 하늘에 있는 능력, 기쁨, 거룩, 의미, 그 모든 것이 우리가 살고 있는 크로노스의 시공간 속으로 흘러들어와, 주변으로 확산되어 간다. 하늘에서와 같이 땅에서도 하나님의 나라가 이루어진다. 뜻이 하늘에서 이루어진 것같이 땅에서도 이루어진다! 할렐루야!

창세기 13장에서 아브라함에게 하늘이 임했다. 그가 바라보고 밟았던 땅은 늘 보고 밟던 땅이었다. 그러나 그 날! 하나님의 말씀이 임한 그 날! 하늘 문이 열린 그 날! 카이로스의 시공간, 하나님의 의지가 담긴 시공간이 아브라함이 선 땅으로 흘러들어온 그 날! 아브라함이 살던 시간과, 아브라함이 밟던 공간은 전혀 다른 시간과 공간이 되었다. 하나님의 의지가 이루어지는, 하나님의 뜻과 그분의 능력이 그대로 이루어지는 '하나님의 나라'가 되었다.

당신은 '하늘의 문'이다. 하나님의 의지와 능력이 담긴 카이로스의 시공간이 오늘 당신을 통해 이 땅에 임하고 흘러갈 것이다. 그리고 마지막 날, 하나님의 시공간과 우리가 선 땅, 하늘과 땅이 마침내 완전히 하나가 될 것이다.

[계 21:2-4] 또 내가 보매 거룩한 성 새 예루살렘이 하나님께로부터 하늘에서 내려오니 그 준비한 것이 신부가 남편을 위하여 단장한 것 같더라 내가 들으니 보좌에서 큰 음성이 나서 이르되 보라 하나님의 장막이 사람들과 함께 있으매 하나님이 그들과 함께 계시리니 그들은 하나님의 백성이 되고 하나님은 친히 그들과 함께 계셔서 모든 눈물을 그 눈에서 닦아 주시니 다

시는 사망이 없고 애통하는 것이나 곡하는 것이나 아픈 것이 다시 있지 아니하리니 처음 것들이 다 지나갔음이러라

새 예루살렘은 하나님의 통치를 의미한다. 마지막 때에는 마침내 카이로스와 크로노스의 시공간이 완전히 하나가 되고, 하나님의 통치 - 그분의 의지와 능력이 이 땅에 충만히 펼쳐질 것이다. 하늘과 땅이 하나가 되는 것, 이것이 하나님의 계획이고 성경의 메시지다. 오늘도 하나님의 의지와 능력이 이 땅에 펼쳐지길 기도하라. 하늘이 이 땅에 임하게 하옵소서! 헤브리 터치가 일어나는 일상이 되게 하옵소서!

downloads from heaven

당신은 하늘을 열어본 적이 있습니까? 당신을 통해 하늘의 놀라운 영광과 능력이 이 땅에 펼쳐진 적이 있습니까? 기억하십시오. 당신이 '문'입니다. 당신을 통해 하늘이 이 땅에 임할 수 있습니다. 하늘이 열리기를 갈망하십시오. 지금 잠깐 눈을 감고 기도하지 않으시겠습니까? "하나님, 하늘의 문을 열어주십시오!"

원리 11

When heaven touches earth

겔 1:1

카이로스의 시공간이 크로노스의 시공간 안으로 들어올 때 어떤 일들이 일어나게 될까? 전 장에 이어 이 흥분되는 현상에 대해 성경이 무엇이라 이야기하는지 살펴보자.

1. 하나님의 임재

헤븐리 터치가 일어날 때 가장 먼저 나타나는 현상은 '하나님의 임재'다.

이사야가 하나님의 보좌를 마주하다

[사 6:1-4] 웃시야 왕이 죽던 해에 내가 본즉 주께서 높이 들린 보좌에 앉으셨는데 그의 옷자락은 성전에 가득하였고 스랍들이 모시고 섰는데 각기 여섯 날개가 있어 그 둘로는 자기의 얼굴을 가리었고 그 둘로는 자기의 발을 가리었고 그 둘로는 날며 서로 불러 이르되 거룩하다 거룩하다 거룩하다 만군의 여호와여 그의 영광이 온 땅에 충만하도다 하더라 이같이 화답하는 자의 소리로 말미암아 문지방의 터가 요동하며 성전에 연기가 충만한지라

웃시야 왕이 죽던 해에 하늘이 열리고 카이로스의 시공간이 이사야가 선 곳을 덮었다. 이사야가 눈을 들어본즉, 전혀 다른 시공간이 보였다. 영적인 시공간이었다. 그리고 그곳에서 이사야가 대면한 것은 높은 보좌에 앉으신 주님과 성전에 가득한 그분의 옷자락이었다. 그렇다. '하나님의 보좌'가 거기 있었다. 카이로스의 시공간이 임할 때 가장 먼저 찾아오는 것은 '하나님의 임재'다. 하늘은 하나님의 보좌가 있는 곳이기 때문이다.

[시 11:4] 여호와께서는 그의 성전에 계시고 여호와의 보좌는 하늘에 있음이여 그의 눈이 인생을 통촉하시고 그의 안목이 그들을 감찰하시도다

하늘이 이 땅에 임할 때 능력과 기사와 표적이 나타나기도 하지만, 그보다 앞서 오는 것은 '하나님의 임재'다. 크로노스의 시공간 속으로 넘어오는 카이로스의 시공간 속에서 우리는 여호와의 보좌를 이 땅에서 대면하게 된다.

에스겔이 환상을 보다
에스겔에게 하늘이 열린다.

[겔 1:1] 서른째 해 넷째 달 초닷새에 내가 그발 강 가 사로잡힌

자 중에 있을 때에 하늘이 열리며 하나님의 모습이 내게 보이니

[겔 1:4,5] 내가 보니 북쪽에서부터 폭풍과 큰 구름이 오는데 그 속에서 불이 번쩍번쩍하여 빛이 그 사방에 비치며 그 불 가운데 단 쇠 같은 것이 나타나 보이고 그 속에서 네 생물의 형상이 나타나는데 그들의 모양이 이러하니 그들에게 사람의 형상이 있더라

[겔 1:10-28] 그 얼굴들의 모양은 넷의 앞은 사람의 얼굴이요 넷의 오른쪽은 사자의 얼굴이요 넷의 왼쪽은 소의 얼굴이요 넷의 뒤는 독수리의 얼굴이니 그 얼굴은 그러하며 그 날개는 들어 펴서 각기 둘씩 서로 연하였고 또 둘은 몸을 가렸으며 영이 어떤 쪽으로 가면 그 생물들도 그대로 가되 돌이키지 아니하고 일제히 앞으로 곧게 행하며 … 영이 어떤 쪽으로 가면 생물들도 영이 가려 하는 곳으로 가고 바퀴들도 그 곁에서 들리니 이는 생물의 영이 그 바퀴들 가운데에 있음이니라 그들이 가면 이들도 가고 그들이 서면 이들도 서고 그들이 땅에서 들릴 때에는 이들도 그 곁에서 들리니 이는 생물의 영이 그 바퀴들 가운데에 있음이더라 그 생물의 머리 위에는 수정 같은 궁창의 형상이 있어 보기에 두려운데 그들의 머리 위에 펼쳐져 있고 그 궁창 밑에 생물들의 날개가 서로 향하여 펴 있는데 이 생

물은 두 날개로 몸을 가렸고 저 생물도 두 날개로 몸을 가렸더라 생물들이 갈 때에 내가 그 날개 소리를 들으니 많은 물 소리와도 같으며 전능자의 음성과도 같으며 떠드는 소리 곧 군대의 소리와도 같더니 그 생물이 설 때에 그 날개를 내렸더라 그 머리 위에 있는 궁창 위에서부터 음성이 나더라 그 생물이 설 때에 그 날개를 내렸더라 그 머리 위에 있는 궁창 위에 보좌의 형상이 있는데 그 모양이 남보석 같고 그 보좌의 형상 위에 한 형상이 있어 사람의 모양 같더라 내가 보니 그 허리 위의 모양은 단 쇠 같아서 그 속과 주위가 불 같고 내가 보니 그 허리 아래의 모양도 불 같아서 사방으로 광채가 나며 그 사방 광채의 모양은 비 오는 날 구름에 있는 무지개 같으니 이는 여호와의 영광의 형상의 모양이라 내가 보고 엎드려 말씀하시는 이의 음성을 들으니라

에스겔이 본 것은 크로노스의 시공간 속으로 흘러들어온 카이로스의 시공간이었다. 그곳에서 그는 이 세상의 말로는 표현할 수 없는 기이한 것들을 본다. 생물인데 바퀴가 있고, 불과 쇠가 함께한다. 더욱이 이 생물들이 '영'을 따라 움직인다. 생물과 비생물이 하나로 어우러지고, 영이 살아서 움직이는 것 - 우리가 사는 크로노스의 시공간에서는 볼 수도 표현할 수도 없는 것들이다. 카이로스의 시공간에 속한 것이 에스겔이 서 있

는 시공간 속으로 들어왔다. 그것은 바로 '하나님의 임재', '하나님의 영광'이었다. 이 영광 속에서 하나님이 말씀하셨다.

[겔 2:1-3] 그가 내게 이르시되 인자야 네 발로 일어서라 내가 네게 말하리라 하시며 그가 내게 말씀하실 때에 그 영이 내게 임하사 나를 일으켜 내 발로 세우시기로 내가 그 말씀하시는 자의 소리를 들으니 내게 이르시되 인자야 내가 너를 이스라엘 자손 곧 패역한 백성, 나를 배반하는 자에게 보내노라 그들과 그 조상들이 내게 범죄하여 오늘까지 이르렀나니

하늘이 열릴 때 하나님의 임재 속에서 우리는 그분의 말씀을 듣게 된다. 나를 향한 창조주 하나님의 계획이 그곳에 있다. 강력한 하나님의 임재 속으로 들어가면, 그곳에는 언제나 하나님의 말씀이 있다. 적어도 내 경험은 그랬다. 이것이 내가 카이로스의 시공간을 사모하는 이유다. 카이로스의 시공간은 하나님의 말씀을 받는 곳이다.

성전을 봉헌할 때 구름 같은 하나님의 임재가 임하다
솔로몬이 성전을 봉헌할 때에도 하늘이 열렸다.

[대하 5:11-14] 이 때에는 제사장들이 그 반열대로 하지 아니

하고 스스로 정결하게 하고 성소에 있다가 나오매 노래하는 레위 사람 아삽과 헤만과 여두둔과 그의 아들들과 형제들이 다 세마포를 입고 제단 동쪽에 서서 제금과 비파와 수금을 잡고 또 나팔 부는 제사장 백이십 명이 함께 서 있다가 나팔 부는 자와 노래하는 자들이 일제히 소리를 내어 여호와를 찬송하며 감사하는데 나팔 불고 제금 치고 모든 악기를 울리며 소리를 높여 여호와를 찬송하여 이르되 선하시도다 그의 자비하심이 영원히 있도다 하매 그 때에 여호와의 전에 구름이 가득한지라 제사장들이 그 구름으로 말미암아 능히 서서 섬기지 못하였으니 이는 여호와의 영광이 하나님의 전에 가득함이었더라

　솔로몬의 성전 봉헌식이다. 제사장들과 레위인들이 성전에 모여 함께 모든 악기를 울리며 소리 높여 일제히 여호와를 찬송할 때 하늘이 열렸다. 여호와의 영광이 하나님의 전에 가득했다! 성전에 가득한 구름으로 인해 제사장들은 서 있을 수조차 없었다. 하나님의 임재, 하나님의 영광이 크로노스의 시공간 안에 임한 것이다.

　아브라함이 약속을 받을 때, 스데반이 순교할 때, 바울에게 하늘이 열릴 때 - 하늘이 열리는 순간마다 그곳에는 '하나님의 임재'가 있었다! 하늘은, 카이로스의 시공간은 하나님이 계신 곳이다! 하나님의 보좌가 있는 곳이다. 단순히 이 세상의 법칙

을 초월하는 신기한 능력이 행해지는 곳이 아니라, '하나님이 계신' 곳이다!

오늘 우리가 하늘이 열리기를 사모하는 것 역시 이 하나님의 임재, 그분의 보좌와 그분의 영광을 원하기 때문이다. 우리가 선 이곳, 우리가 숨 쉬고 살아가는 이 시공간, 바로 이곳에 임하신 하나님을 대면하는 것이 헤븐리 터치의 본질이다. 시간이 새로워지는 '영적인 순간'은 이 하나님의 임재에서 시작된다. 하나님이 '거기 계시기' 때문에 우리가 선 시공간 속에 능력과 기쁨과 거룩과 의미가 펼쳐진다.

2. 하나님의 말씀 : 약속과 사명

하늘이 열릴 때 일어나는 두 번째 현상은 '하나님의 말씀'이 임하는 것이다.

사명 : 바울이 부활하신 예수를 만나다

바울이 다메섹 도상을 지날 때 하늘이 열렸다.

[행 9:3-7] 사울이 길을 가다가 다메섹에 가까이 이르더니 홀연히 하늘로부터 빛이 그를 둘러 비추는지라 땅에 엎드려져 들으매 소리가 있어 이르시되 사울아 사울아 네가 어찌하여 나를 박해하느냐 하시거늘 대답하되 주여 누구시니이까 이르시되

나는 네가 박해하는 예수라 너는 일어나 시내로 들어가라 네가 행할 것을 네게 이를 자가 있느니라 하시니 같이 가던 사람들은 소리만 듣고 아무도 보지 못하여 말을 못하고 서 있더라

홀연히 하늘로부터 빛이 임했다. 하늘이 열리고 카이로스의 시공간이 크로노스의 시공간 안으로 들어왔다. 놀랍게도 거기에 예수께서 계셨다. 부활 승천하신 예수, 우리가 사는 시공간에서는 찾을 수 없던 그분께서 카이로스의 시공간 안에 계셨다. 그리고 '말씀'이 임했다. 하늘이 열릴 때 일어나는 현상은 말씀이 임하는 것이다. 앞서 본 에스겔도, 이사야도 하늘이 열린 그곳에서 하나님의 말씀을 받았다. 그리고 이 말씀은 그들에게 '사명'이 되었다. 헤븐리 터치가 일어나는 순간, 이 영적인 순간이 우리의 시간을 사로잡을 때, 우리는 그곳에서 사명을 받게 된다. 이 땅을 살아가는 동안 평생 잊을 수도, 포기할 수도 없는 하늘의 사명, 그 사명을 받게 된다. 사명은 연구해서 찾아내는 것이 아니다. 사명은 카이로스의 시공간 속에서 주어지는 것이다. 카이로스의 시공간은 하나님의 말씀을 받는 곳이다.

약속 : 아브라함이 하나님의 약속을 받다
아브라함이 하나님의 방문을 받는다.

[창 15:1,3-5,7] 이 후에 여호와의 말씀이 환상 중에 아브람에게 임하여 이르시되 아브람아 두려워하지 말라 나는 네 방패요 너의 지극히 큰 상급이니라 … 아브람이 또 이르되 주께서 내게 씨를 주지 아니하셨으니 내 집에서 길린 자가 내 상속자가 될 것이니이다 여호와의 말씀이 그에게 임하여 이르시되 그 사람이 네 상속자가 아니라 네 몸에서 날 자가 네 상속자가 되리라 하시고 그를 이끌고 밖으로 나가 이르시되 하늘을 우러러 뭇별을 셀 수 있나 보라 또 그에게 이르시되 네 자손이 이와 같으리라 … 또 그에게 이르시되 나는 이 땅을 네게 주어 소유를 삼게 하려고 너를 갈대아인의 우르에서 이끌어 낸 여호와니라

아브라함에게 카이로스의 시공간이 열리고 말씀이 임했다. 이 말씀은 하나님의 약속이었다. 카이로스의 시공간은 하나님의 약속이 있는 곳이다. 아무리 열심히 돌아다녀도 크로노스의 시공간 속에는 하나님의 약속이 없다. 약속은 카이로스의 시공간 속에서만 주어진다. 그리고 약속이 주어질 때 비로소 그저 흘러가는 당신의 시간이 '영적인 시간'으로 트랜스폼 (transform) 된다. 당신의 시간이 그저 흘러가는 시간이 아닌 영적인 시간이 되게 하라. 하나님의 역사는 하늘의 시공간이 땅에 흘러올 때 시작되고, 하늘의 시공간이 땅에 흘러올 때 완성된다.

당신은 하늘로부터 오는 사명을 받았는가? 받아야 한다. 하늘로부터 오는 약속을 받았는가? 받아야 한다. 거기에서 당신의 데스티니를 향한 여정이 시작된다. 당신을 향한 계획은 '하늘'에 있다.

당신을 향한 계획은 하늘에 있다

미국에서 학위를 마치고 한국으로 귀국했을 때 내게도 하늘이 열렸다. 무엇이라 설명할 수 없는 하나님의 임재와 영광이 나를 덮었다. 무엇인지 몰랐다. 그저 머리를 땅에 박고 엎드려 하염없이 울고 또 울었다. 왜 우는지도 몰랐다. 그때 바로 그곳에서 하나님의 약속과 나를 향한 사명이 영혼에 울려 퍼졌다. '아, 목회를 해야 하는구나!' 교수가 되겠다는 나의 오랜 계획도, 선교사로 나가겠다는 또 다른 계획도 폐해지고, 완전히 새로운 계획, 하늘의 계획이 부어졌다. 인생의 새로운 장이 시작되고 있었다.

이 책에 기록된 내용들은 이론이 아니다. 모두 내가 경험한 것들이다. 하늘이 열릴 때 어떻게 되느냐고? 인생이 의미를 갖게 된다. 하늘이 열릴 때 어떻게 되느냐고? 약속과 사명이 부어진다. 하늘이 열릴 때 어떻게 되느냐고? 하나님의 사랑과 위로가 영혼을 덮는다. 하늘이 열릴 때 어떻게 되느냐고? 세상이 알 수 없는 하나님의 능력이 풀어진다. 당신은 하늘로부터 오는 임재를 맛보았는가? 하늘로부터 오는 약속과 사명을 받았는가? 하늘에 계신 하나님의 영광을 대면하여 보았는가? 보아야 한다. 당신의 데스티니를 향한 여정이 그곳에서 시작되기 때문이다. 당신을 향한 계획은 '하늘'에 있다. 하늘을 열고 들어가라. 그곳에 계신 하나님의 영광을 보라. 그리고 당신을 향한 데스티니를 맞이하라.

"왕이시여, 내 인생에 오시옵소서!"

3. 위로와 격려
셋째, 하늘이 열릴 때 그곳에 '하나님의 위로와 격려'가 있다.

스데반에게 위로와 격려의 하늘이 열리다
순교 현장에서 스데반에게 하늘이 열린다.

[행 7:55,56] 스데반이 성령 충만하여 하늘을 우러러 주목하여 하나님의 영광과 및 예수께서 하나님 우편에 서신 것을 보고 말하되 보라 하늘이 열리고 인자가 하나님 우편에 서신 것을 보노라 한대

스데반이 하나님의 영광과 그 우편에 서신 예수 그리스도를 본다. 그리고 그곳에 하늘로부터 위로와 격려가 임한다. 카이

로스의 시공간이 열릴 때 일어나는 세 번째 현상은 하늘로부터 위로와 격려가 임하는 것이다. 우리로 하여금 이 길을 계속 가게 할 위로와 격려! 그것이 하늘로부터 임한다.

엘리야에게 위로와 격려의 하늘이 열리다

아합과 이세벨의 위협에 눌려 있던 엘리야에게, 광야 한가운데서 하늘이 열린다. 그리고 그곳에 하늘로부터 하나님의 위로와 격려가 임한다.

[왕상 19:9,14-18] 엘리야가 그 곳 굴에 들어가 거기서 머물더니 여호와의 말씀이 그에게 임하여 이르시되 엘리야야 네가 어찌하여 여기 있느냐 … 그가 대답하되 내가 만군의 하나님 여호와께 열심이 유별하오니 이는 이스라엘 자손이 주의 언약을 버리고 주의 제단을 헐며 칼로 주의 선지자들을 죽였음이오며 오직 나만 남았거늘 그들이 내 생명을 찾아 빼앗으려 하나이다 여호와께서 그에게 이르시되 너는 네 길을 돌이켜 광야를 통하여 다메섹에 가서 이르거든 하사엘에게 기름을 부어 아람의 왕이 되게 하고 너는 또 님시의 아들 예후에게 기름을 부어 이스라엘의 왕이 되게 하고 또 아벨므홀라 사밧의 아들 엘리사에게 기름을 부어 너를 대신하여 선지자가 되게 하라 하사엘의 칼을 피하는 자를 예후가 죽일 것이요 예후의 칼을 피하는 자를 엘

리사가 죽이리라 그러나 내가 이스라엘 가운데에 칠천 명을 남기리니 다 바알에게 무릎을 꿇지 아니하고 다 바알에게 입맞추지 아니한 자니라

카이로스의 시공간으로 들어갈 때, 그곳에는 쓰러진 우리를 일으키고, 낙심한 우리를 다시 세워 주의 길을 가게 하시는 위로와 격려가 있다. 우리는 이 땅만 바라보고 살아서는 안 된다. 하늘을 바라보아야 한다. 그곳에 힘과 위로가 있다.

미국의 한 연구실에 위로와 격려의 하늘이 열리다
미국 유학 중에 마음이 무너졌던 때가 있었다. 공부도 잘 안 풀리고, 신앙생활도 막막했다. 모든 것이 꼬여버린 느낌이었다. 다 그만두고 도망가고 싶었다. 그러던 어느 날 아침, 기도 중에 하늘이 열렸다. 하나님께서 말씀하셨다.

"너는 나를 사랑하느냐?"

내가 대답했다.

"어⋯ 음⋯ 죄송합니다, 주님. 주님께 뭐 하나 번듯하게 내놓고 드릴 것이 없네요⋯."

다시 물으셨다.

"아니, 그거 말고. 너는 나를 사랑하느냐?"

"어⋯ 예. 사랑합니다. 그치만⋯."

"아니, '그치만'은 빼고. 너는 나를 사랑하느냐?"

"예. 사랑합니다. 그치만…."

"그치만은 빼고. 너는 나를 사랑하느냐?"

하나님은 집요하셨다.

"예. 사랑합니다. 다른 건 다 몰라도 잘하는 것도 없고, 드릴 예물도 없지만, 사랑하는 거 하나는 확실합니다! 주님, 사랑합니다!"

눈물이 쏟아지기 시작했다. 카이로스의 시공간, 거기에 위로와 격려가 있었다. 다시 일어나 주의 길을 가게 하는 위로와 격려가!

4. 인도하심

또한 하늘이 열릴 때에는 '하나님의 인도하심'도 함께 열린다.

구름기둥과 불기둥이 인도하다

[출 13:21,22] 여호와께서 그들 앞에서 가시며 낮에는 구름 기둥으로 그들의 길을 인도하시고 밤에는 불 기둥을 그들에게 비추사 낮이나 밤이나 진행하게 하시니 낮에는 구름 기둥, 밤에는 불 기둥이 백성 앞에서 떠나지 아니하니라

애굽을 빠져나와 광야에 있던 이스라엘 백성에게 하늘이 열리고, 그곳에 구름기둥과 불기둥이 임했다. 이 기둥이 어디서 왔을까? 그렇다. 하늘에서 왔다! 그것은 카이로스의 시공간에 속한 구름기둥과 불기둥이었다. 그리고 이 구름기둥과 불기둥이 이스라엘 백성이 가야 할 길을 인도했다. 카이로스의 시공간 안으로 들어갈 때, 우리는 완전한 하나님의 인도하심을 경험하게 된다.

구름기둥과 불기둥을 따라 카이로스 속으로

나에게도 동일한 경험이 있었다. 2005년, 인도하심을 구하며 기도 가운데 있을 때 다시 하늘이 열렸다. 시간이 어떻게 흘렀는지 모른다. 저녁 7시경에 기도를 시작했는데, 기도를 마칠 때 밖에 해가 뜨고 있었다. 정말 잠깐 기도한 것 같았는데, 날이 바뀌었다. 카이로스! 나는 그 때 분명 크로노스의 시간을 벗어나 카이로스의 시간 속에 있었다. 그것이 바로 중동 사역의 시작이었다. 천둥 같은 하나님의 음성이 나와 우리 교회를 인도하고 계셨다.

"비록 너희 교회가 한국에 있지만, 너희의 영적 유업은 중동 무슬림들이다."

이 하나님의 인도하심에 순종하여 발을 내디뎠다. 그것은 중동으로의 발걸음이 아니라 카이로스의 시공간 속으로 들어가는 발걸음이었다. 인도하시는 여정 속에 얼마나 많은 기적과 은혜를 경험했는지 모른다. 장님이 눈을 뜨고, 귀머거리가 듣게 되었다. 무슬림들이 주님께 돌아오고, 불가능한 곳에 길이 나는 것을 보았다. 그렇다. 분명 그때 내디뎠던 발걸음은 카이로스의 시공간으로 들어가는 발걸음이었다.

5. 거룩함

카이로스의 시공간 안으로 들어갈 때 우리는 '하나님의 거룩하심'을 대면하게 된다.

> [출 19:17-19] 모세가 하나님을 맞으려고 백성을 거느리고 진에서 나오매 그들이 산 기슭에 서 있는데 시내 산에 연기가 자욱하니 여호와께서 불 가운데서 거기 강림하심이라 그 연기가 옹기 가마 연기 같이 떠오르고 온 산이 크게 진동하며 나팔 소리가 점점 커질 때에 모세가 말한즉 하나님이 음성으로 대답하시더라

모세와 이스라엘 백성이 시내산에 다다랐을 때 그곳에 하늘이 열렸다. 그리고 하나님의 율법과 계명이 주어졌다. 카이로스의 시공간은 하나님의 거룩하심과 죄에 대한 회개가 있는 곳이다. 하늘이 열릴 때 우리는 하나님의 법을 보게 되고, 그

앞에서 회개하게 된다. 이사야 역시 카이로스의 시공간으로 들어가 하나님의 영광을 대면했을 때, 그의 죄로 인해 망하게 되었다고 고백했다.

[사 6:5] 그 때에 내가 말하되 화로다 나여 망하게 되었도다 나는 입술이 부정한 사람이요 나는 입술이 부정한 백성 중에 거주하면서 만군의 여호와이신 왕을 뵈었음이로다 하였더라

카이로스의 시공간은 하나님의 거룩하심을 대면하는 곳이다. 회개는 죄의 기억들을 억지로 짜내는 것이 아니라 하나님의 거룩하심을 대면할 때 일어나는 자연스러운 반응이다.

6. 보호하심

카이로스의 시공간으로 들어갈 때 그곳에는 '하나님의 보호하심'이 있다.

[단 3:23-30] 이 세 사람 사드락과 메삭과 아벳느고는 결박된 채 맹렬히 타는 풀무불 가운데에 떨어졌더라 그 때에 느부갓네살 왕이 놀라 급히 일어나서 모사들에게 물어 이르되 우리가 결박하여 불 가운데에 던진 자는 세 사람이 아니었느냐 하니 그들이 왕에게 대답하여 이르되 왕이여 옳소이다 하더라 왕

이 또 말하여 이르되 내가 보니 결박되지 아니한 네 사람이 불 가운데로 다니는데 상하지도 아니하였고 그 넷째의 모양은 신들의 아들과 같도다 하고 느부갓네살이 맹렬히 타는 풀무불 아귀 가까이 가서 불러 이르되 지극히 높으신 하나님의 종 사드락, 메삭, 아벳느고야 나와서 이리로 오라 하매 사드락과 메삭과 아벳느고가 불 가운데에서 나온지라 총독과 지사와 행정관과 왕의 모사들이 모여 이 사람들을 본즉 불이 능히 그들의 몸을 해하지 못하였고 머리털도 그을리지 아니하였고 겉옷 빛도 변하지 아니하였고 불 탄 냄새도 없었더라 느부갓네살이 말하여 이르되 사드락과 메삭과 아벳느고의 하나님을 찬송할지로다 그가 그의 천사를 보내사 자기를 의뢰하고 그들의 몸을 바쳐 왕의 명령을 거역하고 그 하나님밖에는 다른 신을 섬기지 아니하며 그에게 절하지 아니한 종들을 구원하셨도다 그러므로 내가 이제 조서를 내리노니 각 백성과 각 나라와 각 언어를 말하는 자가 모두 사드락과 메삭과 아벳느고의 하나님께 경솔히 말하거든 그 몸을 쪼개고 그 집을 거름터로 삼을지니 이는 이같이 사람을 구원할 다른 신이 없음이니라 하더라 왕이 드디어 사드락과 메삭과 아벳느고를 바벨론 지방에서 더욱 높이니라

다니엘의 세 친구 - 사드락과 메삭과 아벳느고가 금 신상에

절하기를 거부하고 풀무불에 던져졌다. 그런데 그 순간, 세 사람이 서 있던 그 장소에 카이로스의 시공간이 열렸다. 그곳에 세 사람뿐 아니라 또 다른 한 사람, 크로노스의 시공간에 속하지 않은, 다른 시공간에서 들어온 존재가 함께 계셨다. 하나님이셨다! 그 열린 시공간을 통해 하나님께서 들어오셨다! 이들은 크로노스의 시공간 속에서는 쇠를 녹이는 극한의 불구덩이 속에 있었지만, 그곳은 단순한 크로노스의 시공간이 아니었다. 크로노스의 시공간을 카이로스의 시공간이 덮고 있었다! 카이로스의 시공간이 세 사람을 덮을 때, 그들은 그 무엇도 해할 수 없는 하나님의 완전한 보호하심 가운데 거했다! 와우! 이것이 하늘의 능력이다. 세상이 아무리 무자비해 보일지라도, 크로노스의 시공간 속에서 어떠한 위기에 처했을지라도, 그곳에 카이로스의 시공간이 임하면 우리는 안전하다! 카이로스의 시공간은 완전한 보호하심이 있는 곳이다.

7. 승리

카이로스의 시공간이 흘러들어올 때, 그곳에는 또한 '하나님의 승리'가 있다!

여호수아의 태양이 멈추다

[수 10:12,13] 여호와께서 아모리 사람을 이스라엘 자손에게 넘겨 주시던 날에 여호수아가 여호와께 아뢰어 이스라엘의 목전에서 이르되 태양아 너는 기브온 위에 머무르라 달아 너도 아얄론 골짜기에서 그리할지어다 하매 태양이 머물고 달이 멈추기를 백성이 그 대적에게 원수를 갚기까지 하였느니라 야살의 책에 태양이 중천에 머물러서 거의 종일토록 속히 내려가지 아니하였다고 기록되지 아니하였느냐

여호수아가 아모리 사람을 치던 때, 하나님께서 태양을 기브온 위에 멈추게 하시고 달도 아얄론 골짜기에 멈추게 하셨다. 왜? 승리케 하시려고! 크로노스의 시공간에서는 불가능한 일이다. 그런데 카이로스의 시공간이 그곳을 덮으면 크로노스 시공간의 모든 법칙들이 그 힘을 잃는다. 크로노스의 시공간의 법칙들이 멈춘 그곳에서는 하나님의 의지와 능력이 그 모든 법칙들을 대체한다. 그곳은 하나님의 위대한 능력이 펼쳐지는 곳이다. 카이로스의 시공간 안으로 들어갈 때 우리는 위대한 하나님의 승리 속으로 들어가게 된다.

갈멜산에 불이 임하다

[왕상 18:36-39] 저녁 소제 드릴 때에 이르러 선지자 엘리야가 나아가서 말하되 아브라함과 이삭과 이스라엘의 하나님 여호와여 주께서 이스라엘 중에서 하나님이신 것과 내가 주의 종인 것과 내가 주의 말씀대로 이 모든 일을 행하는 것을 오늘 알게 하옵소서 여호와여 내게 응답하옵소서 내게 응답하옵소서 이 백성에게 주 여호와는 하나님이신 것과 주는 그들의 마음을 되돌이키심을 알게 하옵소서 하매 이에 여호와의 불이 내려서 번제물과 나무와 돌과 흙을 태우고 또 도랑의 물을 핥은지라 모든 백성이 보고 엎드려 말하되 여호와 그는 하나님이시로다 여호와 그는 하나님이시로다 하니

갈멜산에 하늘이 열렸다. 하늘에서 불이 떨어졌다. 분명 크로노스의 시공간 안에는 없던 불이었다. 이 불은 다른 시공간, 카이로스의 시공간에서 흘러들어왔다. 불이 번제물을 살랐고, 수백 명의 바알의 선지자들이 죽임을 당했다. 카이로스의 시공간이 임할 때 위대한 승리가 부어졌다.

카이로스의 시공간이 우리가 선 곳을 덮을 때, 그곳에서는 크로노스의 시공간의 모든 법칙들이 멈춘다. 그리고 하나님의 의지와 능력이 크로노스의 시공간의 모든 법칙들을 대체한다.

그곳은 하나님의 위대한 승리가 펼쳐지는 곳이다. 승리를 경험하고 싶은가? 그렇다면 하늘이 임해야 한다. 이 싸움은 혈과 육에 속한 싸움이 아니다. 이 싸움은 '하늘을 여는 싸움'이다. 하늘을 열 수 있는가? 이것이 승패를 가른다. 이 땅의 눈에 보이는 적과 승패를 겨루는 것이 아니다. 카이로스의 시공간을 이 땅에 가져올 수 있는가? 승패는 거기에 달려 있다. 하나님은 항상 승리하시는 하나님, '여호와 닛시'의 하나님이시기 때문이다. 카이로스의 시공간에는 '여호와 닛시의 깃발'이 있다. 그 깃발을 당신의 삶 속으로 가져오라. 어떻게? 카이로스의 문을 열고!

8. 자유와 해방

하늘이 임할 때 그곳에는 '자유와 해방'이 주어진다. 크로노스의 시공간은 우리를 구속하고 억압하지만, 카이로스의 시공간이 임할 때 우리는 이 땅의 모든 구속과 억압으로부터 자유케 된다.

> [행 12:5-11] 이에 베드로는 옥에 갇혔고 교회는 그를 위하여 간절히 하나님께 기도하더라 헤롯이 잡아 내려고 하는 그 전날 밤에 베드로가 두 군인 틈에서 두 쇠사슬에 매여 누워 자는데 파수꾼들이 문 밖에서 옥을 지키더니 홀연히 주의 사자가 나타

나매 옥중에 광채가 빛나며 또 베드로의 옆구리를 쳐 깨워 이르되 급히 일어나라 하니 쇠사슬이 그 손에서 벗어지더라 천사가 이르되 띠를 띠고 신을 신으라 하거늘 베드로가 그대로 하니 천사가 또 이르되 겉옷을 입고 따라오라 한 대 베드로가 나와서 따라갈새 천사가 하는 것이 생시인 줄 알지 못하고 환상을 보는가 하니라 이에 첫째와 둘째 파수를 지나 시내로 통한 쇠문에 이르니 문이 저절로 열리는지라 나와서 한 거리를 지나매 천사가 곧 떠나더라 이에 베드로가 정신이 들어 이르되 내가 이제야 참으로 주께서 그의 천사를 보내어 나를 헤롯의 손과 유대 백성의 모든 기대에서 벗어나게 하신 줄 알겠노라 하여

옥에 있던 베드로가 천사의 방문을 받는다. 카이로스의 시공간으로 들어간다. 크로노스의 모든 법칙을 무시하고 쇠사슬을 벗고, 간수들을 지나, 잠긴 문을 통과해서 옥 밖으로 나온다. 카이로스의 시공간 속에서 움직인 것이다. 카이로스의 시공간이 임할 때 자유케 된다. 베드로뿐 아니라 바울과 실라 역시 옥에 있을 때 큰 지진이 일어나 옥문이 열리며 매인 것이 모두 벗어졌다.

[행 16:25,26] 한밤중에 바울과 실라가 기도하고 하나님을 찬송하매 죄수들이 듣더라 이에 갑자기 큰 지진이 나서 옥터가 움

직이고 문이 곧 다 열리며 모든 사람의 매인 것이 다 벗어진지라

카이로스의 시공간이 임할 때 억압으로부터 자유케 되고, 매인 것에서 벗어나며, 속박에서 해방되는 역사가 있다. 당신을 속박하고 얽어매는 것은 무엇인가? 그것이 크로노스의 시공간에서는 벗어날 수 없는 족쇄일 수 있지만, 카이로스의 시공간에서는 그것으로부터 벗어날 수 있다. 자유케 될 수 있다. 카이로스의 시공간은 하나님의 능력이 있는 곳이다.

내가 아는 한 목사님은 마약중독자였다. 10년 넘는 세월 동안 마약을 팔기도 하고 자신의 몸에 주사기로 투약하기도 하면서 살았다. 마약이 없이는 하루도 살 수 없는 중증 중독자였다. 감옥에도 여러 번 갔다 왔다. 더는 이렇게 살고 싶지 않았다. 감옥에서 부르짖어 기도하는데 하늘이 열렸다. 말 그대로 열린 하늘 속에서 말할 수 없는 하나님의 영광과 위엄을 대면했다. 부르짖었다.

"마약 중독이 끊어지게 해주세요!"

의학적으로는 불가능한 일이었다. 코로 흡입하는 것도 아니고 주사기를 사용한 지 10년이 넘었다. 벗어나기 불가능한 중독 상태였다. 그런데 기적이 일어났다. 마약에서 해방된 것이다! 감옥에서 나온 후에도 매일 하나님의 임재 안에 거하기를 힘썼다. 교회 지하의 작은 방에 살면서 밤이나 낮이나 하나님

의 임재 안에 거했다. 그리고 결국 마약의 속박에서 완전히 해방되었다! 10년이 넘는 세월 동안 한 번도 마약에 손댄 적 없이, 목사로 하나님을 섬기고 있다. 카이로스의 시공간, 그곳에는 자유와 해방이 있다.

9. 치유와 기적

카이로스의 시공간이 임할 때 그곳에 '치유와 기적'이 있다. 하나님의 능력이 부어지기 때문이다.

예수께서 이 땅에 거하실 때 물로 포도주를 만드시고, 죽은 나사로를 살리셨다. 많은 병자들을 고치시고 기적을 행하셨다. 그리고 십자가상에서 가장 크고 강력하게 하늘의 문을 여셨다. 하늘에 있는 하나님의 구원이 이 땅에 쏟아 부어졌다.

점점 더 또렷해진 눈동자

2005년 순종하며 열린 하늘 속으로 들어갔다. 중동 사역이 시작되었다. 먼저 청년들이 중동 땅을 밟았고, 뒤이어 장기 선교사들이 들어가기 시작했다. 청년들이 레바논 땅을 처음 밟았을 때, 그곳에 하나님의 말씀이 임했다.

"무슬림들이 사는 마을로 들어가라!"

말씀에 순종하여 마을에 들어갔을 때 15살 정도 된 눈먼 한 소녀를 만났다. 날 때부터 검은 눈동자가 없던 소녀였다. 소녀

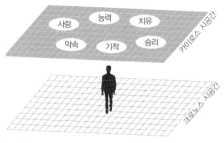

사랑, 약속, 치유, 능력, 기적, 승리 등은 모두 카이로스의 시공간 속에만 존재한다.
카이로스 시공간과 크로노스 시공간은 평행선을 그리고 있다.

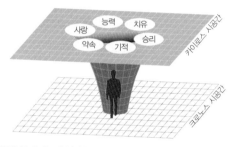

믿음의 사람을 통해 하늘이 열린다. 카이로스의 시공간이 크로노스의 시공간 속으로
들어오고, 그 시공간을 따라 사랑, 약속, 능력 등이 함께 흘러들어온다.

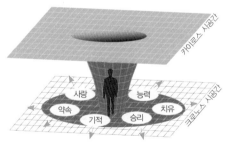

하늘에서 흘러들어온 것들이 땅 위로 퍼진다. 사실은 하늘에서 흘러온 것들이
땅 위로 퍼지는 것이 아니라 하늘 자체가 땅 위에 확장된 것이다. 이것이 영적 임팩트다.

[그림 3] **영적 임팩트**

의 눈은 흰자위뿐이었다. 그곳에서 기도를 시작했을 때 다시 하늘이 열렸다. 흰자위뿐이던 소녀의 눈에 검은색이 돌기 시작하더니, 점점 또렷한 눈동자가 되었다! 이것을 목격한 가족과 마을 사람들이 예수께 돌아오고 그곳에 교회가 세워졌다. 더욱 감사한 것은 14년이 지난 지금, 그 땅을 밟았던 청년들이 모두 목회자나 선교사가 되었다는 것이다. 하늘이 열렸을 때 기적과 함께 그들의 데스티니가 쏟아져 들어온 것이다. 어쩌면 이 책은 그들의 책이다. 지금도 세계 곳곳에서 하늘을 열고 있는 모든 선교사님들을 축복한다.

하늘이 땅으로 침투해 들어올 때

카이로스의 시공간이 크로노스의 시공간으로 침투해 들어올 때 어떤 일이 벌어지는지, 성경은 그것에 대해 수도 없이 기록하고 있다. 아니, 수도 없이 기록하고 있는 것이 아니라, 성경 자체가 그것에 대한 기록이다. 하늘에 있는 하나님의 말씀이 하늘을 가르고 우리 손에 주어진 위대한 기적, 그것이 바로 성경 아닌가! 당신은 이 수많은 성경의 기록들을 믿는가? 성경을 믿는가? 하늘을 가르고 임했던 수많은 하나님의 역사가 오늘도 임할 수 있다는 사실을 믿는가? 믿어야 한다.

당신은 이 땅의 시간을 살아가는 자가 아니다. 시간을 그저 흘러가게 두지 말라. 카이로스의 시공간이 내 위에 임하도록,

시간을 믿음으로 취하라. 매일 매 순간이 크로노스의 시간이 아니라 카이로스의 시간이 되도록 하라. 그럴 때 하늘에 있는 그 위대한 승리와 기적이, 하나님의 능력과 위엄이, 하나님의 약속과 위로가, 자유와 평강이, 치유와 구원이, 그리고 당신을 향한 하나님의 계획 - 데스티니가 당신의 삶 속에 펼쳐질 것이다.

나는 오늘도 하늘이 열리기를 갈망한다. 이사야가 경험했던 하늘을 매일 경험할 수는 없다 해도, 믿음으로 카이로스의 시공간을 걸어갈 수는 있다. 그것만으로 충분하다. 믿음은 실패하지 않는다. 믿음은 언제나 하늘의 것을 이 땅으로 가져온다. 비록 당장 눈에 보이는 것이 없더라도, 믿음은 결코 그냥 사라지지 않는다. 나는 오늘도 믿음으로 땅을 걷는다. 하늘을 걷는다. 하늘 영광이 내가 밟는 땅 위에 임할 것을 기대하면서. 나는 하나님의 백성이니까!

downloads from heaven

당신의 데스티니는 이 땅을 걷는 자가 아니라 하늘을 걷는 자입니다. 오늘 하늘의 것을 믿음으로 취하십시오. 당신의 삶 속에 하늘이 임한다면 과연 어떤 일이 벌어질까요? 하나님께서는 열린 하늘을 통해 당신에게 무엇을 부어주기 원하실까요?

원리 12

영이 움직일 때 vs 혼이 움직일 때

막 9:23,24

카이로스와 크로노스의 시공간을 연결하는 문이 '사람'이기에, 그 문을 여는 열쇠는 '인격적인 것', 즉 우리의 마음, 우리의 태도이다. 우리 안에는 두 종류의 마음이 있다. '영을 움직이는 마음'과 '혼을 움직이는 마음'이다. 예를 들어 두려움이라는 마음은 '혼'을 움직인다. 두려움에서 벗어나기 위해 머리가 빠르게 움직인다. '은행에 가서 대출을 받아?', '저 친구에게 연락해 봐?' 혼이 바쁘게 움직인다. 두려움은 분명 혼을 움직이는 마음이며 태도이다.

반면 영을 움직이는 마음이 있다. '믿음'이 있으면 그 마음은 분명 우리 '영'을 움직인다. 카이로스의 시공간은, 그 문을 여는 사람의 마음이 '영을 움직이는' 마음일 때 열린다. 카이로스의 시공간이 임하는 문이 열리기 위해서는 내 안의 영이 먼저 액티베이트(activate) 되어야 한다. 그럴 때 그 액티베이트 된 영의 활동을 통해 카이로스의 시공간의 문이 열린다.

이번 장에서는 영을 움직이는 생각과 태도가 무엇인지, 반대로 혼을 움직이는 생각과 태도는 무엇인지 살펴보자. 이 태도에 의해 카이로스의 시공간이 열리기도 하고 닫히기도 할 것이다.

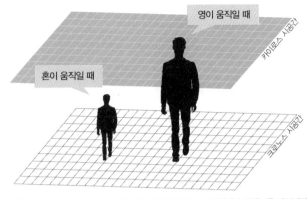

혼이 움직일 때 우리는 크로노스의 시공간 안에만 거하고, 그 안에서만 임팩트를 미치지만
영이 움직이면 우리의 삶의 영역은 카이로스의 시공간까지 확대된다.
하늘의 임팩트를 이끌어낼 수 있다.

[그림 4] **영이 움직일 때 vs 혼이 움직일 때**

1. 두려움 vs 믿음

첫째, 혼을 움직이는 태도와 생각은 '두려움'이다. 두려움은 영을 움직이지 못한다. 두려워서 하는 행동은 그것이 무엇이든 크로노스의 시공간 속에서만 맴돌지, 절대 카이로스의 시공간을 움직이지 못한다. 두려움은 우리를 크로노스의 시공간 속에 붙잡아 놓는다. 두려움은 우리의 영이 아니라 '혼'을 활성화시킨다. 두려움이 들면 그 상황을 타개하기 위해 혼이 부지런히 움직이지 영이 움직이지는 않는다. 그래서 두려움으로 움직이는 사람은 '혼의 사람'이 되지 '영의 사람'이 되지 못한다.

위대한 엘리야조차

[왕상 19:2-4] 이세벨이 사신을 엘리야에게 보내어 이르되 내가 내일 이맘때에는 반드시 네 생명을 저 사람들 중 한 사람의 생명과 같게 하리라 그렇게 하지 아니하면 신들이 내게 벌 위에 벌을 내림이 마땅하니라 한지라 그가 이 형편을 보고 일어나 자기의 생명을 위해 도망하여 유다에 속한 브엘세바에 이르러 자기의 사환을 그 곳에 머물게 하고 자기 자신은 광야로 들어가 하룻길쯤 가서 한 로뎀 나무 아래에 앉아서 자기가 죽기를 원하여 이르되 여호와여 넉넉하오니 지금 내 생명을 거두시옵소서 나는 내 조상들보다 낫지 못하니이다 하고

엘리야는 갈멜산에서 구약 역사상 가장 위대한 승리를 경험한다. 문자 그대로 하늘이 열렸다. 카이로스의 시공간에 있던 하나님의 능력 - 소멸하는 불이 엘리야가 선 크로노스의 시공간으로 쏟아져 들어왔다. 그런데 이 위대한 영적 승리를 거둔 거인 엘리야가 갑자기 하나님께 죽여달라고 한다(왕상 19:4). 아무런 영적인 능력도 발휘하지 못한다. 왜일까? 두려움 때문이다. 반드시 죽이겠다는 이세벨의 위협에 두려움이 훅하고 엘리야의 마음에 들어온 것이다. 두려움이 역사하기 시작하자 그 위대한 엘리야조차 '영적으로 무장해제'가 되어버렸다. 두

려움은 영을 움직이지 못하기 때문이다.

율법의 동기

두려움이 동기가 되어서 행하는 것은, 그것이 무엇이든 영을 움직이지 못한다. 그러한 행위는 크로노스의 시공간에서만 역사한다. 예배를 드리고 기도를 해도, 그것이 두려움의 동기에서 나온 것이라면, 예를 들어 지옥이 두려워서 드리는 것이라면, 그것은 영을 액티베이트 하지 못한다.

우리는 이것을 '율법'이라 부른다. 하나님께 혼나지 않으려는 두려움, 율법은 철저히 두려움에 기초한 것이다. 그래서 율법은 영을 움직이지 못한다. 이것이 예수께서 율법을 철저히 경계하셨던 이유다. 율법은 우리의 영이 아니라 혼을 움직인다. 위기를 피하려는 꾀를 내게 하지, 위기를 돌파하는 역사가 일어나게 하지 않는다. 그래서 예수께서는 율법이 아니라 믿음을 요구하셨다. 율법은 죽이는 것이다. 땅에 속한 것이기 때문이다. 의인은 오직 믿음으로 산다.

두려움에 사로잡힌 사울

사울이 하나님께 제사를 드렸다.

[삼상 13:11,12] 사무엘이 이르되 왕이 행하신 것이 무엇이냐 하니 사울이 이르되 백성은 내게서 흩어지고 당신은 정한 날 안에 오지 아니하고 블레셋 사람은 믹마스에 모였음을 내가 보았으므로 이에 내가 이르기를 블레셋 사람들이 나를 치러 길갈로 내려오겠거늘 내가 여호와께 은혜를 간구하지 못하였다 하고 부득이하여 번제를 드렸나이다 하니라

그러나 이 제사는 영을 전혀 액티베이트 하지 못했다. 아무 효력 없는 간구이자 제사였다. 두려움이라는 동기에서 나온 것이었기 때문이다. 제사장이 아니었던 사울은 제사를 주관할 수 없었다. 그런데 왜 이런 무리수를 두었을까? 두려우니까! 적군이 몰려오고, 사무엘은 오지 않고, 병사들은 흩어지기 시작한다. 이 두려움이 사울의 마음을 사로잡았다. 그러자 혼이 작동한 것이다. 혼이 꾀를 냈다. '나라도 제사를 드려서 병사들의 마음이 흩어지는 것을 막자!' 두려움은 혼을 작동시키지, 영을 움직이지 않는다.

골리앗이라는 두려움

두려움은 또한 우리를 옴짝달싹 못하게 묶어버린다. '영'이 작동하지 않는 것은 말할 것도 없고, 극심한 두려움이 '육과 혼'까지도 마비시켜버린다.

[삼상 17:4,11,16] 블레셋 사람들의 진영에서 싸움을 돋우는 자가 왔는데 그의 이름은 골리앗이요 가드 사람이라 그의 키는 여섯 규빗 한 뼘이요 … 사울과 온 이스라엘이 블레셋 사람의 이 말을 듣고 놀라 크게 두려워하니라 … 그 블레셋 사람이 사십 일을 조석으로 나와서 몸을 나타내었더라

골리앗이 나타났다. 골리앗은 두려움이다. 골리앗이라고 하는 두려움이 이스라엘 사람들의 마음을 잠식해버렸다. 이 블레셋 사람이 무려 40일을 밤낮으로 찾아와 하나님을 모독하고 이스라엘 백성을 욕보이는데도, 움직이는 사람이 아무도 없었다. 얼음이 되어버렸다. 그렇다. 두려움 때문이다. 두려움은 영을 액티베이트 하지 못할 뿐 아니라, 혼과 육까지 마비시켜버린다.

여호수아의 마음
하나님께서 가나안 전쟁을 앞둔 여호수아에게 말씀하셨다.

[수 1:7-9] 오직 강하고 극히 담대하여 나의 종 모세가 네게 명령한 그 율법을 다 지켜 행하고 우로나 좌로나 치우치지 말라 그리하면 어디로 가든지 형통하리니 이 율법책을 네 입에서 떠나지 말게 하며 주야로 그것을 묵상하여 그 안에 기록된 대로 다 지켜 행하라 그리하면 네 길이 평탄하게 될 것이며 네가 형

통하리라 내가 네게 명령한 것이 아니냐 강하고 담대하라 두려워하지 말며 놀라지 말라 네가 어디로 가든지 네 하나님 여호와가 너와 함께하느니라 하시니라

모세가 죽었다. 가나안 전쟁이 코앞이다. 지금 여호수아의 마음을 사로잡고 있는 것은 두려움이다. 태양이 기브온 위에 멈추고 달도 아얄론 골짜기에 걸리는 기적이 일어나야 하는 순간, 카이로스 시공간에 있는 하나님의 능력이 가나안 땅 위에 펼쳐져야 하는 순간인데, 그 통로가 되어야 할 여호수아의 마음을 두려움이 사로잡고 있다. 그렇기 때문에 전혀 영을 움직일 수가 없다. 두려움이 동기가 되어 움직이는 한, 여호수아의 군대는 혼으로 움직이고 육으로 싸우는 '혈과 육의 싸움'을 싸울 수밖에 없다. 하나님께서 말씀하신다. "강하고 담대하라 두려워하지 말며 놀라지 말라." 두려움을 몰아내야만 영이 움직이기 때문이다.

두려움을 몰아내라

영을 움직이는 것은 두려움이 아니라 '믿음'이다. 두려움을 넘어서는 믿음이 영을 움직인다. 하나님이 함께하시기에 나는 두려울 것이 없다는 믿음! "내가 너와 반드시 함께하리라!" 이 믿음이 동기가 될 때 영이 움직인다. 하늘의 문이 열린다. 태양

이 기브온 위에 머물고 달도 아얄론 골짜기에 머물게 된다.

엘리야도 마찬가지였다. 가뭄으로 인해 죽음의 두려움 앞에 있던 사르밧 과부에게 그는 이렇게 말했다.

[왕상 17:13-15] 엘리야가 그에게 이르되 두려워하지 말고 가서 네 말대로 하려니와 먼저 그것으로 나를 위하여 작은 떡 한 개를 만들어 내게로 가져오고 그 후에 너와 네 아들을 위하여 만들라 이스라엘의 하나님 여호와의 말씀이 나 여호와가 비를 지면에 내리는 날까지 그 통의 가루가 떨어지지 아니하고 그 병의 기름이 없어지지 아니하리라 하셨느니라 그가 가서 엘리야의 말대로 하였더니 그와 엘리야와 그의 식구가 여러 날 먹었으나

"두려워하지 말라." 그러자 통의 가루가 떨어지지 않고 병에 기름이 마르지 않는 하나님의 역사가 일어났다. 기적 이전에 선행되어야 할 것이 있었다. 그렇다. '두려움'을 제거하는 것이었다. 두려움이 있으면 영이 움직이지 않기 때문이다.

'영이 움직이기 전'에 반드시 선행되어야 할 것은 두려움을 몰아내는 것이다. 어떻게? 믿음으로! 하나님이 나와 함께하신다는 믿음으로 두려움을 몰아내야 한다. 믿음이 실재가 되어 우리 안에 가득해야 한다. 마음 안에서 믿음이 실재가 될 때,

카이로스의 시공간이 크로노스의 시공간 안에서 실재가 된다. 그래서 영이 액티베이트 되고 카이로스의 시공간이 움직이려면 '하나님 앞에 머무는 시간'이 필요하다. 기도와 말씀으로 하나님 앞에 서는 시간이 필요하다. 이 시간을 통해 카이로스의 실재를 우리 내면에서 미리 보는 것이다. '아! 눈에 보이는 상황이 전부가 아니구나! 하나님이 나와 함께하시는구나! 나를 지키시는구나!' 카이로스의 시공간 안에 있는 실재를 먼저 보는 것이다. 그럴 때 비로소 우리 안에 있던 두려움이 물러가고, 믿음이 가득하게 된다.

두려움에서 믿음으로

아람 왕이 엘리사를 잡으러 군대를 보내 성읍을 포위했다. 엘리사의 사환이 이를 보고 두려움에 질렸다.

> [왕하 6:14-18] 왕이 이에 말과 병거와 많은 군사를 보내매 그들이 밤에 가서 그 성읍을 에워쌌더라 하나님의 사람의 사환이 일찍이 일어나서 나가보니 군사와 말과 병거가 성읍을 에워쌌는지라 그의 사환이 엘리사에게 말하되 아아, 내 주여 우리가 어찌하리이까 하니 대답하되 두려워하지 말라 우리와 함께 한 자가 그들과 함께 한 자보다 많으니라 하고 기도하여 이르되 여호와여 원하건대 그의 눈을 열어서 보게 하옵소서 하

니 여호와께서 그 청년의 눈을 여시매 그가 보니 불말과 불병거가 산에 가득하여 엘리사를 둘렀더라 아람 사람이 엘리사에게 내려오매 엘리사가 여호와께 기도하여 이르되 원하건대 저 무리의 눈을 어둡게 하옵소서 하매 엘리사의 말대로 그들의 눈을 어둡게 하신지라

엘리사가 기도하여 사환으로 하여금 카이로스의 세계를 보게 한다! 크로노스의 시공간에서는 적군이 우리를 에워싼 두렵고 떨리는 상황이지만, 영의 눈을 열어 주위를 보면 전혀 다른 상황이 보인다. 여호와의 불말과 불병거가 산에 가득하여 오히려 적군을 에워싸고 있는 상황! 이 상황을 볼 때 사환의 마음에 있던 두려움이 사라지고, 오히려 믿음이 그 자리를 채운다. 그러자 아람 군대가 장님이 되어버리는 카이로스의 기적이 일어난다!

두려움이 먼저 믿음으로 바뀌어야 한다. 이 일이 일어난 후에야 비로소 영이 움직이고, 영의 움직임이 하늘을 땅으로 불러온다.

예수께서 항상 믿음을 요구하시다

그래서 예수께서 기적을 행하시기 전에 항상 물으신 것이 있다. "네가 믿느냐?"라는 것이었다.

[마 9:28] 예수께서 집에 들어가시매 맹인들이 그에게 나아오거늘 예수께서 이르시되 내가 능히 이 일 할 줄을 믿느냐 대답하되 주여 그러하오이다 하니

예수께서는 그냥 아무 말 없이 기적을 행하지 않으셨다. 항상 믿느냐고 먼저 물으셨다. 믿음이 없이는 영이 움직이지 않기 때문이다. 믿음이 없이는 하늘 문이 열리지 않기 때문이다. 믿음이 없이는 카이로스의 시공간이 크로노스의 시공간으로 들어올 수 없기 때문이다.

[막 9:23,24] 예수께서 이르시되 할 수 있거든이 무슨 말이냐 믿는 자에게는 능히 하지 못할 일이 없느니라 하시니 곧 그 아이의 아버지가 소리를 질러 이르되 내가 믿나이다 나의 믿음 없는 것을 도와주소서 하더라

아이의 아버지가 소리친다. "내가 믿나이다 나의 믿음 없는 것을 도와주소서!" 어찌하든지 영이 움직이기 위해서는 믿음이 있어야 한다.

2. 불안과 염려 vs 평강

혼을 움직이는 두 번째 태도와 생각은 '불안과 염려'다.

[빌 4:6,7] 아무것도 염려하지 말고 다만 모든 일에 기도와 간구로, 너희 구할 것을 감사함으로 하나님께 아뢰라 그리하면 모든 지각에 뛰어난 하나님의 평강이 그리스도 예수 안에서 너희 마음과 생각을 지키시리라

두려움처럼 불안과 염려도 영이 아닌 혼을 움직인다. 다시 한번 이야기한다. 불안과 염려는 '영'이 아니라 우리의 '혼'을 움직인다. 그래서 불안과 염려가 계속되면 어떠한 영적 역사도 일어나지 않는다. 성경을 찾아보라. 성령께서 역사하시고 영적인 역사가 일어날 때 그곳에는 평강과 평안이 가득했다. 성령의 역사는 불안과 염려, 조바심 가운데 일어나지 않았다.

그리스도 예수의 평강이 우리 마음과 생각을 지키셔야 한다. 그럴 때 비로소 영이 움직이기 시작한다.

[행 12:6,7] 헤롯이 잡아내려고 하는 그 전날 밤에 베드로가 두 군인 틈에서 두 쇠사슬에 매여 누워 자는데 파수꾼들이 문 밖에서 옥을 지키더니 홀연히 주의 사자가 나타나매 옥중에 광채가 빛나며 또 베드로의 옆구리를 쳐 깨워 이르되 급히 일어나라 하니 쇠사슬이 그 손에서 벗어지더라

옥중에 다른 시공간이 임했다. 한밤중에 광채가 빛나며 천

사가 찾아왔다. 카이로스의 시공간이 임한 것이다. 그때 베드로는 무엇을 하고 있었을까? 6절에 의하면 사형 집행 바로 전날 밤이었으니 불안과 조바심에 떨고 있었을까? 아니다. 베드로는 자고 있었다! 평강 가운데 있었다. 염려와 불안, 조바심은 영을 움직이지 못한다. 오직 평강 - 하나님이 주시는 완전한 평강이 있을 때 영이 움직인다.

예수께서 불안 가운데 떨고 있는 제자들에게 찾아오셔서 말씀하셨다.

[요 20:19-22] 이 날 곧 안식 후 첫날 저녁 때에 제자들이 유대인들을 두려워하여 모인 곳의 문들을 닫았더니 예수께서 오사 가운데 서서 이르시되 너희에게 평강이 있을지어다 이 말씀을 하시고 손과 옆구리를 보이시니 제자들이 주를 보고 기뻐하더라 예수께서 또 이르시되 너희에게 평강이 있을지어다 아버지께서 나를 보내신 것 같이 나도 너희를 보내노라 이 말씀을 하시고 그들을 향하사 숨을 내쉬며 이르시되 성령을 받으라

'사람들에게 발각되면 어떻게 하지?' 하고 불안과 초조 속에 떨고 있던 제자들에게 예수께서 말씀하셨다. "평강이 있을지어다!" 두 번 평강이 있으라 하시고 "성령을 받으라"고 하셨다. 성령을 받기 위해서 영이 움직이고, 카이로스의 시공간이 크

로노스의 시공간으로 들어오기 위해서는 평강이 있어야 한다.

나는 어떤 일을 위해 기도할 때 '평강'이 있을 때까지 기도한다. 기도 가운데 마음이 불편하고 불안하면 더 기도한다. 빌립보서 4장 7절 말씀대로 "하나님의 평강이 그리스도 예수 안에서 나의 마음과 생각을 지키실" 때까지 기도한다. 그래야 영이 움직이기 때문이다. 기억하라. 불안과 염려, 초조와 조바심 가운데 있을 때 당신의 영은 움직일 수 없다. 당신의 영은 당신이 평강 가운데 있을 때 비로소 역사하고 움직인다. 내가 하나님의 역사를 확신하고 응답으로 취하는 사인(sign)이 '평강'이다. 기도 가운데 평강이 있는 것, 그것이 영이 움직인다는 증거다.

박사 학위 논문에 문제가 생긴 적이 있었다. 도무지 해결할 수 없는 문제로 졸업이 위태로워졌다. 불안이 몰려왔다. '졸업을 못하면 어떻게 하지? 창피해서 사람들을 어떻게 보며, 국비 장학금을 어떻게 갚지? 취직은?' 미래가 불안했다. 불안과 염려 속에서 미친 듯이 논문에 매달렸지만, 해결될 기미는 보이지 않고 논문은 더욱 미궁 속으로 빠져들었다. 잠도 자지 않고 먹지도 않고 몇 개월을 논문과 씨름했다.

그러던 어느 날 하나님의 최종 면접시험(?)을 치르게 되었다. 문제가 해결된 것으로 착각한 것이다! 논문을 검토한 교수들 역시 문제가 해결되었다고 착각했다. 졸업을 할 수 있게 되었다. 문제 삼을 사람이 아무도 없었으니까. 그런데 진짜 문제는 마음이었다. 내 마음에 평강이 없었다. 아무도 발견하지 못했지만, 나는 내 논문의 오류를 알고 있었다. "내 백성은 거룩해야 한다"는 하나님의 말씀이 마음속에 계속 울렸다. 그래서 지도교수를 찾아가 사실을 알렸다. 졸업은 물 건너간 것처럼 보였다. 더 이상 문제를 해결할 방법이 없었기 때문이다. 적어도 크로노스의 시공간 속에서는 불가능했다.

그런데 이상한 일이 벌어졌다. 평강! 그렇다. 평강이 임했다. 내 안을 들여다보니, 어느 순간 불안, 염려가 다 사라지고 그 자리에 평강과 기쁨이 자리 잡고 있었다. 하나님의 최종 면접시험에 합격한 결과였다! 그리고 며칠 뒤, 하늘의 문이 열렸다. 꿈속에서 졸업 논문의 문제를 해결했는데, 깨어나 정리해 보니, 정말 꿈속에서 본 것들이 해답이었다! 그 방법은 이 땅의 것으로는 생각해낼 수 없는 것이었다. 지도교수는 필요한 것들을 모두 발견해서 문제는 해결되었는데, 도대체 그 예들을 어떻게 찾았느냐고 물었다. 그도 그럴 것이 그 예들은 이 땅의 방식으로는 찾을 수 없는 것이었다. 꿈에서 그것들을 보았기에 발견할 수 있었다. 그리고 그것은 꿈이 아니라 카이로스의 시공간이었다. 평강! 그렇다. 하늘을 열기 전에 먼저 내 안에 평강의 문을 열어야 한다. 그것이 하늘의 문을 여는 열쇠다.

3. 분노와 미움 vs 긍휼과 사랑

셋째, 혼을 움직이는 태도와 생각은 '분노와 미움'이다. 반면 영을 움직이는 태도와 생각은 '긍휼과 사랑'이다. 분노와 미움의 동기에서 행해지는 일은, 그것이 아무리 정의라는 이름으로 포장되어 있어도 영을 움직이지 못한다. 혼만 바삐 움직이게 된다. 우리가 하나님의 이름으로 '공의'를 이야기할 때 저지르기 쉬운 실수다. 우리는 이 땅의 불의를 보며 분노한다. 악한 사람들을 보며 미워한다. '평등'을 이야기할 때도 마찬가지다. 공평하지 못한 상황을 보며, 그것을 일으키는 사람들에 대해 분노한다. 그리고 이 분노와 미움이 '에너지'가 되어 무언가를 행한다. 기억하라. 이렇게 행하는 일은 '영적인 일'이 될 수 없다. 분노와 미움에는 우리의 육과 혼만 반응하지, 영이 반응하지 않기 때문이다.

[민 20:10-12] 모세와 아론이 회중을 그 반석 앞에 모으고 모세가 그들에게 이르되 반역한 너희여 들으라 우리가 너희를 위하여 이 반석에서 물을 내랴 하고 모세가 그의 손을 들어 그의 지팡이로 반석을 두 번 치니 물이 많이 솟아나오므로 회중과 그들의 짐승이 마시니라 여호와께서 모세와 아론에게 이르시되 너희가 나를 믿지 아니하고 이스라엘 자손의 목전에서 내 거룩함을 나타내지 아니한 고로 너희는 이 회중을 내가 그들에

게 준 땅으로 인도하여 들이지 못하리라 하시니라

모세가 하나님의 뜻을 행했다. 기적을 행하여 백성을 살렸다. 그런데 하나님께서는 이를 질책하신다. '분노함'으로 그 일을 행했기 때문이다. 기적은 일어났지만 하나님의 역사가 온전히 행해지지 못했다. 분노로 행한 일은, 그것이 비록 표면적으로 하나님을 위한 일일지라도 영을 움직이지 않는다.

그러나 예수님의 진노는 다르다. 예수님도 성전에서 바리새인들에게 분노하셨지만, 그것은 죄에 대한 분노였지 사람들에 대한 분노가 아니었다. 예수님은 항상 사람들이 잘 되기를 바라셨지 망하기를 바라지 않으셨다. '분노와 미움'이란 상대방이 망하기를 바라는 마음이다.

그렇다면 영을 움직이는 태도와 생각은 무엇인가? 그것은 '사랑과 긍휼'이다. 사랑과 긍휼의 마음으로 행할 때 영이 움직인다.

[행 7:55,56,59,60] 스데반이 성령 충만하여 하늘을 우러러 주목하여 하나님의 영광과 및 예수께서 하나님 우편에 서신 것을 보고 말하되 보라 하늘이 열리고 인자가 하나님 우편에 서신 것을 보노라 한 대 … 그들이 돌로 스데반을 치니 스데반이 부르짖어 이르되 주 예수여 내 영혼을 받으시옵소서 하고 무릎

을 꿇고 크게 불러 이르되 주여 이 죄를 그들에게 돌리지 마옵
소서 이 말을 하고 자니라

스데반이 순교하던 곳에 하늘이 열린다. 영이 움직이고 카
이로스의 시공간이 들어온다. 그때 스데반의 고백이 무엇이었
나? "이 죄를 그들에게 돌리지 마옵소서!" 이 긍휼의 마음! 자
신을 돌로 쳐죽이는 사람들까지 긍휼히 여기고 사랑했던 스데
반의 마음이 하늘의 문을 열었다. 예수님의 십자가도 마찬가
지다. 예수께서 자신을 십자가에 달아 죽이는 사람들을 향해
긍휼과 사랑의 마음을 쏟으셨을 때, 카이로스의 시공간에 있
던 위대한 하나님의 구원이 휘장을 가르고 이 땅에 임했다. 긍
휼과 사랑의 마음은 하늘의 문을 연다.

4. 후회 vs 소망

넷째, 후회하는 마음은 영을 움직일 수 없다. 혼의 생각을 깊게
할 뿐이다. 영을 움직이는 마음은 후회가 아니라 소망과 비전
이다.

[민 23:19] 하나님은 사람이 아니시니 거짓말을 하지 않으시
고 인생이 아니시니 후회가 없으시도다 어찌 그 말씀하신 바를
행하지 않으시며 하신 말씀을 실행하지 않으시랴

[롬 11:29] 하나님의 은사와 부르심에는 후회하심이 없느니라

카이로스의 시공간에는 후회가 없다. 그렇기에 크로노스의 시공간에 후회가 가득하면, 그곳에 카이로스의 시공간이 임할 수 없다. 맞지 않는 속성이기 때문이다. '아, 그때 그렇게 하면 안 되는 거였는데!', '아! 그때 미리 이렇게 저렇게 했어야 하는데!' 이렇게 후회하는 기도는 영을 움직이지 않는다. 혼의 생각만 복잡하게 할 뿐이다. 영을 움직이는 것은 과거에 대한 집착이 아니라 미래에 행하실 일에 대한 기대다. 후회하는 기도와 회개를 혼동하지 말라.

[고후 7:10] 하나님의 뜻대로 하는 근심은 후회할 것이 없는 구원에 이르게 하는 회개를 이루는 것이요 세상 근심은 사망을 이루는 것이니라

참된 회개는 "후회할 것이 없는 구원에 이르게 하는", '기쁨에 이르게 하는' 길이다. 여기에 하늘이 열리고 영이 움직인다.

그래서 영을 움직이는 것은 후회가 아니라 '소망과 비전'이다. 변하지 않는 상황이나 어려운 사람을 위해 기도할 때, 그 상황이나 그 사람이 바뀌게 될 미래의 소망, 하나님이 행하실 일에 대한 비전을 품고 기도해야 영이 움직이지, 그저 낙심해

서 힘든 것만 한탄해서는 영의 역사가 일어나지 않는다. 정말 영의 역사가 일어나길 기대하는가? 그렇다면 소망과 비전을 따라 기도하라. 하나님이 미래에 행하실 일을 기대하며 기도하라. 그것이 영의 역사를 일으킨다.

5. 불순종 vs 순종

다섯 번째, 불순종은 영을 움직이지 못한다. 영은 '순종'을 통해 액티베이트 된다.

> [삿 6:14-16] 여호와께서 그를 향하여 이르시되 너는 가서 이 너의 힘으로 이스라엘을 미디안의 손에서 구원하라 내가 너를 보낸 것이 아니냐 하시니라 그러나 기드온이 그에게 대답하되 오 주여 내가 무엇으로 이스라엘을 구원하리이까 보소서 나의 집은 므낫세 중에 극히 약하고 나는 내 아버지 집에서 가장 작은 자니이다 하니 여호와께서 그에게 이르시되 내가 반드시 너와 함께 하리니 네가 미디안 사람 치기를 한 사람을 치듯 하리라 하시니라

하나님께서 기드온에게 말씀하신다. "이스라엘을 미디안의 손에서 구원하라!" 가당치 않은 말씀이다. 기드온은 "내가 무엇으로 이스라엘을 구원하겠습니까? 나는 가장 작은 자입니

다"라고 한다. 그러나 만약 어떤 이유에서든지 기드온이 하나님의 말씀에 순종하지 않았다면, 하늘이 열리고 위대한 하나님의 승리가 임하는 삼백 용사의 기적은 일어나지 않았을 것이다. 비록 두려움이 있고, 고민이 되고, 연약해도 기드온이 하나님의 말씀에 순종했을 때, 그 순종을 통해 영이 액티베이트 되었다. 하늘이 열리고 기적이 일어났다. 순종은 항상 영을 움직인다.

6. 부정적인 생각 vs 긍정적인 생각

마지막으로 부정적인 생각들에 기초한 기도는 영의 역사를 일으키지 못한다. 긍정적인 생각에 기초한 기도만이 영을 움직인다. '안 될 거야!', '이런 문제가 일어나면 어떻게 하지?', '그 사람이 바뀔까?', '위험하지 않을까?', '재정이 채워질까?', '내가 할 수 있을까?' 이런 부정적인 생각들은 결코 영을 움직이지 못한다.

> [막 9:23] 예수께서 이르시되 할 수 있거든이 무슨 말이냐 믿는 자에게는 능히 하지 못할 일이 없느니라 하시니

"할 수 있거든이 무슨 말이냐?" 예수께서는 부정적인 것을 입에 담지도 못하게 하셨다! 그런 말은 하지도 말고 생각지도

말라는 것이다. 왜? 영을 움직일 수 없기 때문이다! 할 수 있다고 말하라! 괜찮다고 말하라는 것이다. 그 생각이 영을 움직이기 때문이다!

당신은 하늘의 문을 열 수 있다

카이로스의 시공간이 열리고, 이 땅에 하늘의 시공간이 임하기 위해서는 선행되어야 할 것이 있다. 그 통로가 되는 사람, 바로 당신 안에 먼저 카이로스의 시공간이 임해야 한다. 당신 안에 카이로스의 시공간이 임하지 않았는데, 당신을 통해 이 땅에 카이로스의 시공간이 임할 수는 없다. 당신 안에 임하는 하나님의 완전한 임재와 통치! 그 임재로 인한 평강, 그 통치로 인한 거룩, 하나님의 사랑으로 인한 긍휼과 사랑 그리고 하나님에 대한 순종과 믿음! 이 카이로스의 시공간이 먼저 그 '문'인 당신에게 임할 때, 당신의 마음과 생각 속에서 이루어질 때, 그 때 비로소 당신의 영이 움직이기 시작하고, 그 영이 하늘의 문을 연다. 그리고 당신의 영을 통해 열린 하늘의 문이 당신 주변으로 확장되기 시작한다.

그렇다. 당신은 영이다. 그리고 당신 안에 있는 영은 하늘에 속한 하나님의 나라를 이 땅에 끌어올 수 있는 유일한 통로다. 아브라함을 통해 하늘의 약속이 부어졌던 것처럼, 엘리야를 통해 하늘의 불이 임했던 것처럼, 여호수아를 통해 하늘의 능력이 땅을 덮었던 것처럼, 다윗과 솔로몬을 통해 하나님의 임재의 구름이 성전에 가득했던 것처럼, 오늘 당신을 통해서도 하늘이 이 땅에 임할 것이다. 당신은 땅을 살아가는 존재가 아니라, 하늘을 살아가는 존재니까.

downloads from heaven

영을 움직이는 마음, 생각, 태도를 품으십시오. 영을 움직이는 믿음, 평강, 사랑, 순종의 마음을 구하십시오. 두려움으로 움직이고 있는 것은 없습니까? 염려나 후회에 사로잡혀 있지 않습니까? '안 될 거야', '불가능해'라는 부정적인 생각이 지배하고 있지는 않습니까? 하나님의 말씀임을 알면서도 '불순종'하고 있는 것은 없는지 돌아보시기 바랍니다.

나는 수학자다. 목회자가 되기 전까지 15년을 수학자로 살았다. 위상기하학을 전공했는데, 15년간 연구했던 주제는 '공간'이었다. 공간이란 무엇인지, 어떻게 분류할 수 있으며 분류의 기준은 무엇이 되어야 하는지, 공간을 특정 짓는 불변량(invariant)은 무엇이며, 그 공간들의 속성은 무엇인지 등을 알아내는 것이 내 관심사였다. 어쩌면 이런 수학자로서의 관심이 '카이로스의 시공간'에 대한 책으로 이어졌는지도 모르겠다. 적어도 내게는 영적 세계가 그렇게 보였다.

수학을 그만두고 지난 20년을 목회자로 살았다. 목회자로 살아온 지난 20년간, 인생의 중요한 순간마다 하나님과의 특별한 인카운터(encounter)가 있었는데, 아마도 수학자로서의 경험과 목회자로서의 경험이 중첩되어 이 책이 나온 것 같다.

실재하는 영적 세계

하나님과의 인카운터는 늘 황홀하고 신비했다. 이 땅의 논리로는 다 설명할 수 없는 이 경험들이 나를 흥분시켰다. 분명 우주를 창조하신 질서의 하나님이시라면, 영적 세계에도 질서가 있을 텐데 그것이 무엇인지 궁금했다. 힐끗힐끗 엿보았던 카이로스의 시공간은 경이롭고 황홀했다. 시간의 흐름도 멈춘 것 같고, 경험되는 공간도 전혀 달랐다. '와우, 사람들을 이곳으로 초대했으면 좋겠다!' 사랑하는 친구들에게 보여주고 알려주고 싶었다. 《나니아 연대기》에 나오는 옷장처럼, 옷장의 문을 열면 새로운 세계가 있다고 말해주고 싶었다.

오래 전 한 대학생에 대한 이야기를 들었다. 재정적인 어려움으로 학교를 휴학하고 등록금을 모으고 있던 이 청년이, 하루는 학생 식당에서 점심을 사먹을 돈이 없었단다. 청년은 간절히 기도했다.

"주님, 5천 원만 주세요. 점심 먹을 돈이 필요합니다."

성령께서 말씀하셨다.

"믿음으로 취해라!"

다시 성령님께 물었다.

"믿음으로 취하는 것이 뭡니까?"

성령께서 다시 말씀하셨다.

"공중에 손을 내밀어 돈을 꺼내라!"

청년은 아무도 방해할 사람이 없는 학생회관 구석으로 가서 말씀대로 공중에 손을 내밀어 믿음으로 취했다. 그런데 눈을 떠보니 놀랍게도 5천 원이 손에 들려 있었다. 주변에 아무도 없었는데 말이다. 이 믿을 수 없는 이야기를 대학부 전도사에게 전해 듣고, 그 청년을 교회 목양실로 불렀다.

"5천 원 이야기를 들었는데, 정말이냐?"

청년은 수줍은 듯 얼굴을 떨구더니 "예. 정말입니다!"라고 대답했다. 내가 알고 있던 세상의 원리들이 무너지는 순간이었다. 에너지 보존의 법칙부터 양자역학의 원리까지, 알고 있던 어떤 법칙으로도, 아무것도 없는 공중에서 5천 원이 나타나는 이것을 설명할 수 없었다.

'내가 알고 있는 세상과는 다른 세계가 있구나!'

그렇다. 영적 세계는 자연 세계만큼이나 실재하는 세계다.

당신에게 보여주고 싶다!

옷장의 문을 열고 그 속으로 들어가면 또 다른 세상이 있다. 사자 아슬란과 마녀가 있고, 눈으로 뒤덮인 얼음 나라가 있다. 작가의 시선으로 그렸을 뿐 C. S. 루이스가 보여주고 싶었던 옷장 속 세계도 이 책에서 이야기하는 것과 같은 세계, 카이로스의 세계였을 것이다. 옷장 안으로 들어가보고 싶지 않은가?

말로만 듣는 것과 직접 들어가보는 것은 전혀 다른 일이다. 루시와 피터, 에드먼드와 수잔처럼 옷장의 문을 열어보라. 그곳에는 당신이 생각하는 것과는 전혀 다른 세계가 있다. 그렇다. 하나님은 인간을, 당신을, 이 두 세계에 낀 존재로 창조하셨다! 두 세계 모두 당신이 살아갈 권리가 있는 삶의 공간이다. 당신의 몸이 비록 이 세계에 살아도, 손을 뻗으면 옷장 뒤 세상의 자원을 가져올 수 있다. 그곳은 불가능을 모르는 하나님의 능력이 펼쳐지는 공간이다. 옷장 뒤의 공간을 끌어와 당신 주위를 덮으라. 그렇게 할 수있다. 옷장에서 꺼낸 공간으로 덮인 당신 주위에는, 이 세상에 속하지 않은 놀라운 능력과 하나님의 사랑이 가득할 것이다. 언젠가는 하늘과 땅이 하나로 합쳐지겠지만, 아쉽게도 지금은 나뉘어있는 이 세계, 이 옷장 뒤에 있는 공간을 당신에게 보여주고 싶다.정말로.

자, 이제 옷장 속으로 들어가보자. 옷장 문을 열어라. 어떻게 여느냐고? 말하지 않았는가? 그 열쇠는 바로 당신 안에 있다고. 그렇다, 믿음! 믿음의 열쇠를 손에 꼭 잡아라. 그리고 이제 돌리는거다. 준비되었나?

"하나, 둘, 셋. 열자!"

PS. 아, 옷장을 열고 5천 원을 꺼내왔던 청년은 신학교를 졸업하고 우리 교회 사역자가 되었다.

카이로스1 : 하나님의 시공간

초판 1쇄 발행　　2020년 9월 21일
초판 23쇄 발행　　2024년 2월 16일

지은이　　고성준

펴낸이　　여진구
책임편집　　안수경
편집　　이영주 박소영 최현수 김도연 김아진 정아혜
책임디자인　　조은혜 | 마영애 노지현 이하은
홍보 · 외서　　진효지
마케팅　　김상순 강성민　　　　마케팅지원　　최영배 정나영
제작　　조영석 허병용　　　　경영지원　　김혜경 김경희

303비전성경암송학교 유니게 과정
이슬비전도학교 / 303비전성경암송학교 / 303비전꿈나무장학회

펴낸곳　　규장

주소　06770 서울시 서초구 매헌로 16길 20(양재2동) 규장선교센터
전화　02)578-0003　　팩스　02)578-7332
이메일　kyujang0691@gmail.com　　홈페이지　www.kyujang.com
페이스북　facebook.com/kyujangbook　　인스타그램　instagram.com/kyujang_com
카카오스토리　story.kakao.com/kyujangbook
등록일　1978.8.14. 제1-22

책값　뒤표지에 있습니다.
ISBN 979-11-6504-133-5 03230

규 | 장 | 수 | 칙

1. 기도로 기획하고 기도로 제작한다.
2. 오직 그리스도의 성품을 사모하는 독자가 원하고 필요로 하는 책만을 출판한다.
3. 한 활자 한 문장에 온 정성을 쏟는다.
4. 성실과 정확을 생명으로 삼고 일한다.
5. 긍정적이며 적극적인 신앙과 신행일치에의 안내자의 사명을 다한다.
6. 충고와 조언을 항상 감사로 경청한다.
7. 지상목표는 문서선교에 있다.

하나님을 사랑하는 자 곧 그의 뜻대로 부르심을 입은 자들에게는 모든 것이 合力하여 善을 이루느니라(롬 8:28)

규장은 문서를 통해 복음전파와 신앙교육에 주력하는 국제적 출판사들의
협의체인 복음주의출판협회((E.C.P.A:Evangelical Christian Publishers
Association)의 출판정신에 동참하는 회원(Associate Member)입니다.